Incertidumbre sobre los orígenes del linaje Ortiz de la Renta en Puerto Rico:
Un breve ensayo

Ricardo Vélez Acevedo

Incertidumbre sobre los orígenes del linaje Ortiz de la Renta en Puerto Rico: Un breve ensayo

Editorial

Lux Antiqua
2022

Incertidumbre sobre los orígenes del linaje Ortiz de la Renta en Puerto
Rico: Un breve ensayo
© Ricardo Vélez Acevedo

Editorial Lux Antiqua
Cambridge, MA, EE. UU.

ISBN: 979-8-9863112-2-7

Contenido

Introducción 1

ASCENDENCIA 3

  Mala Metodología 3

    Los apellidos: González, González de la Renta, González de la Cruz
y González de Mirabal 4

    Los apellidos: Ortiz, Ortiz Vélez, Ortiz Zambrano y Sánchez Ortiz 14

  Mala cronología 17

DESCENDENCIA 21

    Alonso Ortiz de la Renta 21

    Cristóbal Ortiz de la Renta 25

    Juan Ortiz de la Renta 26

    Diego José Ortiz de la Renta 28

Conclusiones 31

Apéndices 33

  1. Compra de esclavos en almoneda por el regidor
Andrés González de la Renta 35

  2. Juicio de Alonso González 39

  3. Transcripción del registro de matrimonio de José de Quiñones
y Feliciana de Lugo 45

  4. Transcripción del registro de entierro de Feliciana de Lugo 47

  5. Transcripción del registro de entierro de
José Escolástico de Quiñones 49

  6. Transcripción del registro de matrimonio de José Escolástico de Quiñones
y Juana Dionisia Rodríguez 51

  7. Transcripción del registro de bautismo de
Juan José Bautista de Quiñones 53

  8. Transcripción de registros del Libro I de Matrimonios del Archivo
de la Catedral de Arecibo 55

  9. Transcripción de registros del Libro I de Bautismos del Archivo
de la Catedral de Arecibo 57

10. Transcripción del registro de entierro de Juan Ortiz de la Renta 59

Fuentes Documentales 61

Bibliografía 65

Introducción

Los estudios genealógicos de mayor interés en Puerto Rico han girado, por lo general, en torno a un número limitado de familias en la Isla. Estas familias se distinguen fácilmente por el uso de apellidos compuestos, tales como: Ramírez de Arellano, López de Victoria, Martínez de Matos, y varios otros más. Esta tendencia no es del todo inesperada cuando se toma en el contexto de los influyentes papeles que jugaron miembros de esas familias en los ámbitos civiles y militares, además de la numerosa descendencia que en muchos casos también dejaron.

Implícito en ese interés genealógico dedicado a ese número limitado de familias está el riesgo de la debilitación de la imparcialidad de los investigadores y genealogistas. No es un riesgo insuperable, pero al ser consciente de su presencia puede disponer en menor grado a quien no lo ignora.

El apellido **ORTIZ DE LA RENTA** está entre esos que han disfrutado de buen renombre a lo largo de la historia de Puerto Rico y, por ende, alimentado el interés de genealogistas. Sin embargo, mientras más retrocedemos en el tiempo menos sabemos de los primeros portadores de ese apellido compuesto en la Isla y de su origen.

El *Catálogo de Inscripciones Demográfico-Sacramentales y de otra índole del Linaje Puertorriqueño Ortiz de la Renta*, publicado por Francisco Lluch Mora en el año 1976, se podría considerar hasta hoy como el estudio más extenso de las familias portadoras de ese apellido.[1] En su publicación Lluch Mora además incluyó información sobre los que él señaló como los progenitores del linaje, y los vínculos de estos con otros personajes relevantes en la historia de San Germán. De manera que su trabajo podría considerarse estar compuesto de dos partes fundamentales: la ascendencia y la descendencia de los primeros portadores del apellido Ortiz de la Renta. La totalidad de los datos incluidos en el *Catálogo* de Lluch Mora, a primera vista, parecerían ofrecer al lector entonces una idea concisa sobre las familias responsables de los orígenes del linaje. Lamentablemente, quedamos los lectores engañados.

Los detalles de la ascendencia del linaje presentados por Lluch Mora

---

[1] Lluch Mora, Francisco. *Catálogo de Inscripciones Demográfico-Sacramentales y de otra índole del Linaje Ortiz de la Renta* (Mayagüez: Documentalia Portorricence - Fundación Juan C. Ortiz de la Renta Lugo, 1976).

1

comprenden una gran cantidad de información que está basada en datos erróneos u omisiones que, cuando son consideradas, completamente desmienten las conclusiones del autor acerca de la identidad de los progenitores de ese linaje. Igualmente, parte de los datos de la descendencia sufren de errores o extensiones genealógicas hipotéticas no fundamentadas. En muchos casos, incluso, las vinculaciones presentadas por el autor aparentan estar basadas solamente en la redundancia de los nombres o apellidos, aun cuando los lapsos cronológicos imposibilitan los parentescos señalados.

Conclusiones que conciernen temas genealógicos entre los trabajos de Francisco Lluch Mora han mostrado fallas irreconciliables,[2] y tampoco ha sido él el único autor de genealogía puertorriqueña en errar.[3] Por lo tanto, a través de este breve ensayo deseamos disociar lo que se conoce y lo que se desconoce de los primeros Ortiz de la Renta usando únicamente la documentación disponible de fuentes primarias y dejando a un lado las omisiones, las faltas cronológicas y los parentescos probabilísticos.

---

[2] Vélez Acevedo, "Rodrigo Ortiz Vélez. Una revaluación genealógica.", pp. 115-120.
[3] Para ejemplos generales, véase: Martínez Nazario, "Aberraciones Genealógicas en Puerto Rico...". Para el caso particular de la familia Delgado Manso, véase: Burset Flores, "La familia Delgado Manso...".

ASCENDENCIA

Mala Metodología

Para estudiar propiamente y evaluar los orígenes del linaje **ORTIZ DE LA RENTA**, nos resulta apropiado comenzar por reconocer ese apellido como uno compuesto. Todo lo considerado señala a la posible unión de dos familias en la región de San Germán: **ORTIZ** y **GONZÁLEZ DE LA RENTA**.[4] Veamos entonces qué nos dijo Lluch Mora en su *Catálogo* acerca de la segunda:

> «[14] Ignoramos el origen del linaje González de la Renta, que en la Villa de San Germán evolucionó al fundirse con otros, en el de Ortiz de la Renta y el de González de Mirabal. Para este último, cabe citar la "Petición del clérigo Francisco González de Mirabal" en que el último declara ser sobrino del Beneficiado Diego de Figueroa, Cura y Vicario de la Villa y de Isabel Ortiz.
>
> Esta última es la Isabel González [sic] que se inserta en el Testamento de Constanza Sánchez Ortiz, y la que casa con Alonso González de la Renta, pariente, el mencionado, de Diego González de la Renta y de Juan González de la Cruz, y posiblemente hijo de Andrés González de la Renta, vecino de San Germán.»[5]

Además, según el autor:

> «Isabel González de la Renta y Alonso González son los progenitores de los primeros Ortiz de la Renta»[6]

---

[4] Debemos reconocer que nuestra certeza del origen del linaje como uno puramente puertorriqueño no es absoluta. No obstante, para este estudio hemos tomado como punto de partida otro trabajo ya publicado y establecido (el *Catálogo*) y el cual presenta esa premisa como cierta. Así que para nuestros propósitos hemos aceptado la teoría del origen puertorriqueño mediante la fusión de los apellidos de dos familias y decidido enfocar nuestra atención en los datos de ese linaje ya establecido en la Isla.

[5] Lluch Mora, *Catálogo...*, p. 17.

[6] Ibid.

3

Parece sencillo y muy bien fundamentado, pero en esa información citada hay múltiples errores, omisiones y hasta elementos creados por el propio autor. Exponemos cada uno a continuación.

Los apellidos: González, González de la Renta, González de la Cruz y González de Mirabal

En la villa de San Germán a partir de la segunda mitad del siglo XVI se registran múltiples vecinos con el apellido **GONZÁLEZ**, ya sea compuesto o sencillo. Como no disponemos de registros sacramentales para ese período, los miembros de estas familias González sólo pueden ser estudiados mediante documentos alternos que en su mayoría abarcan pleitos, testimonios o probanzas. En algunos de estos los parentescos entre varios González son declarados explícitamente, pero en la mayoría no. De manera que, aunque es posible generar hipótesis de los posibles vínculos, en muchos de esos casos nada puede ser declarado de forma definitiva porque no existe suficiente información para fundamentar las conclusiones.

Lluch Mora intentó derribar esos límites documentales y rellenar las lagunas con hipótesis que convirtió en conclusiones sin su debida validación. Reconocemos que todos los registros de la villa de San Germán para este período estudiado señalan a un número total de vecinos relativamente bajo. También reconocemos lo favorecidas que estuvieron ciertas familias en la villa. Aun así, las suposiciones y deducciones que podamos derivar de la información disponible son muy limitadas, y Lluch Mora no ejerció suficiente cautela al momento de establecer sus conclusiones.

Primeramente, el autor tomó libertades excesivas, mucho más allá de lo razonable, con los apellidos de los González que estudió. Muy en particular, él presentó a Alonso e Isabel González como los progenitores de los primeros Ortiz de la Renta. Sin embargo, en ningún documento que hemos estudiado aparece el nombre de Alonso con el apellido compuesto González de la Renta. Similarmente, lo mismo podemos decir de Isabel. Ambos siempre aparecen como *Alonso González* e *Isabel González*, incluyendo declaraciones hechas por Alonso en su propia persona. Adicionalmente, tampoco en ningún documento hemos hallado mención de Alonso González como pariente de Andrés González de la Renta, o de cualquier otro con ese apellido compuesto, e igual es el caso con Isabel González. Hasta lo que hemos podido entender, Lluch Mora le añadió el 'de la Renta' a ambos por consecuencia de sus deducciones genealógicas y no porque haya mostrado evidencia concreta de que ellos hayan usado ese apellido compuesto, o porque tuvieran un parentesco documentado con algún González de la Renta.

Incluso, los propios documentos y registros que Lluch Mora citó de fuentes primarias no muestran a ninguno de los mencionados con el apellido González de la Renta como aparecen en el texto que citamos de su libro. Lluch Mora les añadió por su cuenta el 'de la Renta' a todos, excepto a Andrés González de la Renta. Este último, a diferencia de todos los otros mencionados, siempre aparece con el apellido compuesto en todas las menciones, tanto en tercera como en primera persona.

Aquí incluimos un listado de vecinos de San Germán a partir de la segunda mitad del siglo XVI de personas portando el apellido **GONZÁLEZ** que aparecen en el *Catálogo* y que fueron mencionadas por el autor como González de la Renta, la mayoría en contradicción de las fuentes originales.

Cuadro 1: Fuentes primarias de la mención de individuos con el apellido GONZÁLEZ, mencionados en el *Catálogo* de Francisco Lluch Mora.

Nombre	Año de nacimiento declarado	Dato textual	Notas
Ana González	----	«Ana Gonçález, muger de Miguel Sánchez»[7]	1567: Fue secuestrada durante el ataque de indios caribes a la villa de San Germán.
Andrés González de la Renta	----	«Andrés Gonzáles de la rrenta»[8]	1563: Regidor y comprador de esclavos. Poseía una hacienda a ocho leguas de distancia de San Germán. Firmó su nombre.
	----	«Andrés Gonçales de la rrenta; consta»[9]	1566: Entregó cueros vacunos al gobernador Francisco Bahamonde de Lugo.

---

[7] AGI, Justicia, 980, N° 1, Pieza 2. ff.4-4v, 6v.
[8] AGI, Justicia, 997, N° 4, R.1. ff.21-23, 37-37v, 43v.
[9] AGI, Justicia, 980, N° 1, Pieza 1. f.3v.

	----	«Andrés González de la Renta»[10]	1567: Testigo del ataque por indios caribes. Firmó su nombre.
	----	«Andrés Gonçáles de la Renta, vezino de la dicha villa»[11]	1571: Mencionado como mayordomo de la iglesia.
Alonso González	----	«Alonso Gonsáles, besino desta billa»[12]	1593: Vecino de San Germán.
	----	«Alonso Gonçáles quatro çientos»[13]	1594: Mencionado por haber recibido un pago con dinero de la Caja Real.
	c.1561	«Dijo que se llama Alonso Gonçález y ques vezino de San Germán y ques de edad de treinta y çinco años»[14]	1596: Esposo de Isabel González. Acusado de contrabando. No sabía firmar su nombre.
	----	«Alonso Gonçález, vecinos»[15]	1609: Vecino y testigo en San Germán.
Diego González	c.1527	«El dicho Diego Gonsáles, testigo presentado»[16]	1577: Testigo presentado en la *Probanza de Méritos* de Rodrigo Ortiz Vélez. Firmó su nombre.
	c.1527	«El dicho Diego Gonsáles, testigo presentado»[17]	1583: Regidor. Declaró haber enterrado a un nieto de ocho años. Firmó su nombre.

[10] AGI, Justicia, 980, N° 1, Pieza 2. ff.18v-21.

[11] AGI, Santo Domingo, 169. f.16v.

[12] AGI, Escribanía, 133B, Pieza 8. f.4.

[13] Ibid., f.69.

[14] Ibid., f.21.

[15] AMA, Protocolos Notariales de Rodrigo Sánchez, 6-VIII-1612. f.341v.

[16] AGI, Santo Domingo, 79, N° 141. f.1529v.

[17] AGI, Santo Domingo, 169. ff.12v, 15.

Diego González	c.1571	«Diego Gonçález, vezino de la villa de San Germán»[18]	1596: Declaró ser primo hermano de Alonso González. No sabía firmar su nombre.
Fabián González	----	«Fabián González, Juan Sánchez»[19]	1609: Vecino y testigo en San Germán.
	----	«Favián Gonçález, Juan Lebrón»[20]	1612: Vecino y testigo en San Germán.
	----	«Fabián González, teniente»[21]	1624: Teniente de gobernador.
	----	«Fabián Gonsález no a de pagarse»[22]	1626: Vecino de San Germán.
	c.1581	«capitán Fabián Gonzáles, vecino desta»[23]	1641: Capitán y vecino de San Germán. Firmó su nombre.
Isabel González	----	«rrecibió juramento de Ysavel González, muger del dicho Alonso González, que en»[24]	1596: Hizo declaración de bienes.
	----	«hijos de Ysavel Gonzáles, y a»[25]	1620: Sus hijos fueron declarados herederos de Constanza Ortiz.

La repetición de Andrés con el apellido González de la Renta nos hace concluir que él sí usó ese apellido compuesto de manera consistente y bien

---

[18] AGI, Escribanía, 133B, Pieza 8. f.26v.

[19] AMA, Protocolos Notariales de Rodrigo Sánchez, 6-VIII-1612. f.341v.

[20] AGI, Contratación, 514, N° 1, R.14. f.10.

[21] Caro de Delgado, *Villa de San Germán…*, p. 154.

[22] AGI, Santo Domingo, **156**, R.4, N° 45c. f.1v. Esta mención en particular, además del apellido aparecer alterado en el *Catálogo*, el número del legajo es distinto al que hemos podido consultar con la misma foliación. *Catálogo*: «sobre el Capitán Fabián González de la Renta *Copia de una carta al Rey* (1626), A. G. I., Leg. Sto. Dom. **165**, f. 1 vlto.» Lluch Mora, *Catálogo…*, p. 17. Énfasis añadido.

[23] AGI, Santo Domingo, 165, Probanza de 1641. f.10v.

[24] AGI, Escribanía, 133B, Pieza 8. f.20.

[25] AGI, Escribanía, 9A, N° 1, Pieza 1. f.198v.

lo pudieron haber usado sus descendientes, si tuvo.[26] En cambio, la ausencia total del 'de la Renta' en todos los otros González nos guía hasta la conclusión que ellos no lo usaron, y por lo tanto no se puede asumir que Andrés —el único González de la Renta en San Germán para la fecha del que tenemos registro— haya sido pariente de ellos. El apellido **GONZÁLEZ** de por sí ha sido muy común como para poder concluir indiscutiblemente que todos los que lo usaron en San Germán en el siglo XVI eran parientes.[27] Sin documentación el alegado parentesco de Andrés González de la Renta como padre de Alonso González no podría pasar más allá de una hipótesis.

Lluch Mora en otro de sus trabajos, un ensayo publicado originalmente en 1984 titulado *Poblamiento de Hormigueros (siglos XVI – XVIII)*, y reeditado y publicado en 1995 en el *Boletín de la Sociedad Puertorriqueña de Genealogía*, declaró en adición que «Diego González de la Renta y Ana González de la Renta» eran hermanos e hijos de Diego González de la Renta, y sobrinos de Andrés González de la Renta, sin dar ninguna evidencia documental a los lectores.[28] Pero como ya hemos comprobado, ninguno de los dos Diego, ni Ana, aparecen como González de la Renta en los documentos que Lluch Mora citó en el *Catálogo*, ni otros más que hemos podido consultar. Además, el Diego González que nació para el año 1527, si hubiera sido hermano de Ana González, entonces era tío de Constanza Ortiz.[29] Ese mismo Diego en 1577 fue testigo en la *Probanza de Méritos* de

---

[26] Su apellido siempre aparece compuesto, por ejemplo, véase: Documento n° 1 (Apéndices).

[27] Los apellidos, sobre todo los comunes, de por sí no representan evidencia suficiente para establecer vínculos biológicos. A modo de ejemplo, para finales del siglo XVI existen registros que demuestran que algunos de los indios nativos de la isla de Mona habían adoptado nombres y apellidos hispanos, asumimos como parte del proceso de *cristianización*, y estos mantuvieron tratos y contacto con el poblado de San Germán. Entre los apellidos usados por los indios aparecen: Ramírez, Rodríguez y Lucero (AGI, Escribanía, 133B, Pieza 8. ff.6-9v). De forma que el uso de apellidos hispanos en la villa para esa fecha no garantiza que todos los portadores de un mismo apellido hayan sido parientes biológicos, ni incluso que la persona haya sido de ascendencia hispana.

[28] Lluch Mora, "Poblamiento de Hormigueros (Siglos XVI-XIX)", p. 15. El autor sí ofreció una nota aclaratoria en la cual expresó agradecimientos a Rafael Reichard Sapia por haber proveído la información relevante a los González vinculados, incluyendo los padres de Constanza Ortiz (Lluch Mora, "Poblamiento de Hormigueros…", p. 27.). No está claro si originalmente todos los nombres de los mencionados incluyeron 'de la Renta' cuando fueron proveídos.

[29] El otro Diego González no podría ser incluido como posible hermano de Ana González,

Rodrigo Ortiz Vélez, esposo de Constanza, y no declaró ninguna relación con Rodrigo al momento de las preguntas generales de la ley, las cuales exigían la revelación de vínculos familiares, o pleitos pasados, que presentaran algún conflicto de interés capaz de afectar la imparcialidad de un testigo, a favor o en contra del juzgado.[30]

En adición, en la villa de San Germán para este período hubo otras personas con el apellido **GONZÁLEZ** y nos parece que podrían ser igualmente incluidos en una hipótesis de parentesco con Alonso González o los demás:

Cuadro 2: Fuentes primarias de la mención de otros individuos con el apellido GONZÁLEZ en San Germán para la segunda mitad del siglo XVI.

Nombre	Año de nacimiento declarado	Dato textual	Notas
Francisco González	----	«Francisco Gonçález, veçinos desta dicha villa»[31]	1612: Testigo y vecino de San Germán.
Gerardo González	----	«Giraldo González y otros vezinos»[32]	1598: Vecino de San Germán.
Juan González	----	«Juan Gonzáles, el moço»[33]	1596: Mencionado como testigo y vecino de la villa. El sobrenombre 'mozo' sugiere que debió de ser joven para la fecha, y/o su padre u otro vecino usó el mismo nombre.
Juan González de la Cruz	c.1537	«Joan Gonsáles de la Cruz, testigo»[34]	1577: Testigo presentado en la *Probanza de Méritos* de Rodrigo Ortiz Vélez. Firmó su nombre.

en vez, pues declaró haber nacido para el 1571 (véase, Cuadro 1).

[30] Diego González respondiendo en la *Probanza de Méritos* de Rodrigo Ortiz Vélez: «Preguntado por las preguntas generales de la ley, dixo que es de hedad de cinquenta años, poco más y menos, y que no le toca nynguna de las generales.» AGI, Santo Domingo, 79, N° 141. f.1529v.

[31] AGI, Contratación, 514, N° 1, R.14. f.10.

[32] AGI, Santo Domingo, 56, R.8, N° 64b. f.6v.

[33] AGI, Escribanía, 133B, Pieza 8. f.20v.

[34] AGI, Santo Domingo, 79, N° 141. f.1531v.

| | | «Juan González de la Cruz, estante»[35] | 1596: Representante legal de Rodrigo Ortiz Vélez en su juicio. |
| Juana González | ---- | «Juana Gonçález, muger de»[36] | 1567: Victima del ataque de indios caribes. Casada con Antón Rodríguez, y con hijos. |

Si Alonso González nació para el 1561, ¿no podría ser igualmente probable que Juana González o Juan González de la Cruz hayan sido uno de sus padres, en vez de Andrés González de la Renta? De hecho, un vecino de San Germán llamado Juan de la Cruz (nacido c.1566) declaró ser primo hermano de Alonso González en 1596 cuando fue presentado como testigo a su favor.[37] Ese dato a nuestro juicio es suficiente, no para concluir, pero al menos para fortalecer la hipótesis de Alonso como descendiente de los **GONZÁLEZ DE LA CRUZ** en San Germán, y no de los González de la Renta.

La misma pregunta puede ser aplicada a los otros González, ya que no aparecen con apellidos compuestos pero Lluch Mora insistió en adjudicarles uno, ¿por qué debió ser Ana González, abuela materna de Isabel González, también González de la Renta? ¿No pudo haber sido igualmente probable González de la Cruz?

Juan González de la Cruz (nacido c.1537) fue uno de los testigos a favor de Rodrigo Ortiz Vélez en su *Probanza* en 1577, y en 1596 apareció nuevamente un Juan González de la Cruz como uno de los representantes legales de Rodrigo durante su juicio en San Juan.[38] En adición, en el *Juicio de Residencia* de Rodrigo como teniente de contador en 1594, también se presentó un Benito de la Cruz (nacido c.1545) como testigo a su favor, y éste declaró además ser compadre de Rodrigo.[39] De modo que los vínculos entre la familia de Rodrigo y Constanza y los **GONZÁLEZ DE LA CRUZ**, y los **DE LA CRUZ**, aparentan ser mucho más evidentes.[40]

---

[35] AGI, Escribanía, 133B, Pieza 8. f.30.

[36] AGI, Justicia, 980, N° 1, Pieza 2. ff.5v, 8v, 11v.

[37] AGI, Escribanía, 133B, Pieza 8. f.26.

[38] Véase, Cuadro 2.

[39] AGI, Escribanía, 133B, Pieza 8. f.59v.

[40] Aunque aclaramos, esos vínculos no necesariamente implican una conexión biológica, sino más bien un elemento de afinidad. Pues tanto Diego González (nacido c.1527) como Juan González de la Cruz (nacido c.1537) fueron testigos a favor de Rodrigo Ortiz Vélez y

Lluch Mora favoreció el apellido compuesto González de la Renta, ignorando los otros, aparentemente por desear obtener resolución a los orígenes de los Ortiz de la Renta, y no porque la evidencia fuera indiscutible o tan contundente que sólo se podría llegar a una única conclusión. Hay múltiples hipótesis de origen y parentesco entre todos estos **GONZÁLEZ**, y ciertamente todas son válidas, pero sin más información nada se puede concluir.

El otro apellido compuesto que Lluch Mora ligó con los González de la Renta fue el **GONZÁLEZ DE MIRABAL**, pues según él, y como citamos, el clérigo Francisco González de Mirabal declaró que Isabel Ortiz era su tía. Lluch Mora concluyó que esa mencionada Isabel Ortiz era la misma Isabel González que casó con Alonso González, aunque los apellidos son claramente distintos. Según Lluch Mora: «pues Isabel, aunque utilice el segundo [apellido], que le llega por vía materna (González), le corresponde el de Ortiz, que es el que siempre usó su padre, unido al de *Vélez*, en apellido compuesto.»[41]

Esa justificación lo condujo a concluir que esas dos Isabel, la Ortiz y la González, eran la misma persona, sólo porque la segunda Isabel debía portar el apellido paterno **ORTIZ** —una tradición que corresponde a formalidades modernas que no fueron codificadas legalmente en el mundo hispano hasta el siglo XIX—.[42] Aún más, la declaración por parte del clérigo González de Mirabal de su parentesco con Isabel Ortiz fue presentada para principios del siglo XVIII, en 1702.[43] Francisco González de Mirabal declaró

---

no declararon ningún parentesco al momento de las preguntas generales. Aunque esas declaraciones fueron en 1577, y no se podría descartar totalmente la posibilidad que Alonso González haya sido pariente de Diego o de Juan, y al momento de las generales con Rodrigo no les tocaran nada porque la unión con su hija haya ocurrido posterior al 1577 y Alonso no haya sido aún su yerno (en 1577 Alonso González hubiera tenido sólo 16 años).

[41] Lluch Mora, *Catálogo*..., p. 17.

[42] La antigua mutabilidad del orden de los apellidos hispanos es un tema conocido para la gran mayoría de los genealogistas. Sin embargo, es a partir del siglo XIX que el Registro Civil de España comienza a legislar el uso de ambos apellidos para usos oficiales. Alfaro de Prado señala normativas vigentes desde 1861 las cuales indicaban que una persona debía usar «los dos apellidos *aunque ella no acostumbre a usar más que uno de estos*, dando por entendido que una cuestión era el nombre que figurase en un documento legal y otra la forma en que cada uno era comúnmente conocido.» Alfaro de Prado Sagrera, "El nacimiento del sistema oficial de doble apellido en España", p. 233. Esa distinción y exigencia no estaba vigente para los siglos XVI-XVII.

[43] AGI, Escribanía, 9A, N° 1, Pieza 1. ff.206v-207.

ser hijo legítimo de don Sebastián González de Mirabal y doña María Segarra Verdugo, además de declarar haber tenido un hermano y cuatro hermanas «donsellas» para esa fecha.[44] Isabel González, por su parte, nació para la segunda mitad del siglo XVI, pues Rodrigo Ortiz Vélez y Constanza Ortiz contrajeron matrimonio para 1563-64.[45] O sea, hubo más de 100 años de separación generacional entre estas dos familias.[46]

Francisco González de Mirabal declaró ser pariente de Isabel Ortiz, no Isabel González, teniendo en cuenta que fueron dos personas distintas, y las respectivas fechas en que aparecen como vecinas de San Germán son discrepantes, esa declaración no puede ser utilizada como fundamento para un vínculo entre la familia de Francisco, los González de Mirabal, y la familia de Isabel González. Y, por lo tanto, mucho menos puede servir para establecer el vínculo entre los González de Mirabal y los González de la Renta que aseguró Lluch Mora, pues como ya hemos presentado, los vínculos de la familia de Isabel, o Alonso, con los González de la Renta no han sido debidamente sustanciados. No negamos la posibilidad de que sí haya habido alguna eventual conexión entre estas dos familias, lo que deseamos evidenciar es que la información que sometió Lluch Mora como prueba de esos vínculos no es válida y no sirve para ese fin.[47]

Esa misma maniobra lógica, que Isabel debió de usar el Ortiz porque a su vez lo usó su padre, fue utilizada para justificar la aparición del Ortiz en '**Ortiz** de la Renta', ya que en su presentación de Alonso González e Isabel González como los progenitores del linaje resulta evidente la ausencia del apellido Ortiz entre ellos. Es una formulación lógica forzada para hacer que

---

[44] Ibid., f.208v.

[45] AGI, Santo Domingo, 79, Nº 141. f.1532.

[46] Adicionalmente, otra Isabel Ortiz es mencionada como la dueña de una estancia en 1567 al momento de la destrucción de la villa de San Germán por los indios caribes, cuando aún estaba ubicada en Guadianilla, cerca de la costa (AGI, Justicia, 980, Nº 1, Pieza 2. f.7). Queda claro que esa Isabel Ortiz no pudo ser la misma Isabel González que luego aparece como esposa de Alonso González. Para propósitos de este estudio, sólo deseamos enfatizar que en la villa de San Germán hubo más de una Isabel, y la Isabel que fue hija de Rodrigo Ortiz Vélez nunca aparece en fuentes primarias con el apellido Ortiz.

[47] Los González de Mirabal no hacen su aparición en San Germán hasta finales del siglo XVII, siendo Sebastián González de Mirabal, natural de la isla de Gran Canaria, el aparente patriarca del linaje en la región (Méndez Muñoz, "Pobladores del Partido de San Francisco de la Aguada…", pp. 6-7.). Si fuera cierto que hubo un cruce entre los González de la Renta y los González de Mirabal, hubiera sido para finales del s.XVII, o principios del siglo entrante, y no está claro cómo o entre quiénes.

los datos presentados validen nítidamente una conclusión predeterminada.[48]

Sin inferir nada, y haciendo únicamente uso de la documentación disponible, podemos presentar de manera conclusa que en la villa de San Germán hubo al menos cuatro líneas familiares con el apellido **GONZÁLEZ** para los siglos XVI-XVII, y tres de ellas con el González compuesto. A falta de evidencia lo prudente es tomar a estas cuatro familias como líneas individuales. Bien pudieron varias compartir un mismo tronco, pero sin más información nada puede ser concluido para ese efecto.

En todo caso, nuestra posición no se ve alterada; presentar el nombre de Alonso como *Alonso González de la Renta*, o el de Isabel como *Isabel González de la Renta*, de manera factual y como si estuviesen suficientemente fundamentados para continuar los pasos genealógicos, en presencia de otras alternativas, e incluirlos a ambos como los progenitores indiscutibles de los **ORTIZ DE LA RENTA**, es una grave violación de prudencia analítica.[49]

---

[48] No hemos sido los únicos en notar esa lógica dudosa, véase: Martínez Nazario, "Aberraciones Genealógicas…", p. 803.

[49] Lluch Mora fue persistente en sus alteraciones de apellidos. Además de los González de la Renta aquí presentados, y los Ortiz de la Renta que en adelante discutimos, el autor insistió en presentar en su *Catálogo* el nombre de Constanza Ortiz, madre de Isabel González, como: *Constanza Sánchez Ortiz*. Y en su ensayo *Poblamiento de Hormigueros*, presentó el nombre como: «Constanza Sánchez González de la Renta» (Lluch Mora, "Poblamiento de Hormigueros…", p. 15.). Sí está documentado el parentesco entre Juan Sánchez Ortiz y Constanza como hermanos (véase, Cuadro 3), y el de Miguel Sánchez y Constanza como padre e hija, y asumimos que esos parentescos motivaron a Lluch Mora a alterar su apellido. Sin embargo, aunque esas alteraciones sean de utilidad para reafirmar lazos familiares, nos resulta inapropiado cambiar los apellidos de un individuo a algo distinto de los que ellos usaron, aun en casos en los cuales los parentescos hayan sido documentados. Esa práctica, usada sin restricción y sin evidencia documental, crea dudas de cuando un autor usa los nombres y apellidos fielmente de acuerdo a las fuentes documentales, o cuando los usa de acuerdo a sus propios criterios. En el caso de Constanza Ortiz, no hemos visto *ningún* documento en el cual su nombre aparezca con la inclusión del 'Sánchez' o 'González de la Renta', ya sea al haber sido nombrada por otras personas, o declaraciones hechas por ella misma como en su testamento en 1620 (AGI, Escribanía, 9A, N° 1, Pieza 1. ff.197v-199), o la notarización de potestad a uno de sus hijos en 1609 (AMA, Protocolos Notariales de Rodrigo Sánchez, 6-VIII-1612. ff.339-341v).

Los apellidos: Ortiz, Ortiz Vélez, Ortiz Zambrano y Sánchez Ortiz

Por otra parte, tenemos las familias **ORTIZ** en San Germán para finales del siglo XVI.

Cuadro 3: Fuentes primarias de la mención de individuos con el apellido ORTIZ en San Germán para la primera mitad del siglo XVI, mencionados o no en el *Catálogo*.

Nombre	Año de nacimiento declarado	Dato textual	Notas
Alonso Ortiz Zambrano	---	«Alonso Ortiz Çambrano»[50]	1583: Procurador general de la villa de San Germán.
	c.1550	«Alonso Hortiz Çambrano»[51]	1594: Testigo y vecino de San Germán.
Diego Ortiz	---	«Diego Hortiz, vezino de aquella villa»[52]	1592: Nombrado fiscal para hacer indagaciones sobre un navío que llegó al puerto de Guánica con esclavos.
Francisco Ortiz	---	«Francisco Ortiz, procurador»[53]	1563: Procurador y vecino de San Germán.
	---	«Francisco Ortis, teniente»[54]	1577: Teniente de gobernador.
	---	«Francisco Ortiz, tiniente»[55]	1583: Teniente de gobernador.
Isabel Ortiz	---	«estançia de Ysabel Hortiz donde an»[56]	1567: Dueña de una estancia en Guadianilla. Posiblemente viuda.

---

[50] AGI, Santo Domingo, 169. f.3.
[51] AGI, Escribanía, 133B, Pieza 8. ff.45v-46.
[52] AGI, Escribanía, 133B, Pieza 4. f.13v.
[53] AGI, Justicia, 997, N° 4, R.1. f.42.
[54] AGI, Santo Domingo, 79, N° 141. f.1525.
[55] AGI, Santo Domingo, 169. f.3.
[56] AGI, Justicia, 980, N° 1, Pieza 2. f.7.

Juan Ortiz	---	«Juan Hortiz, manyfestaron»[57]	1563: Mencionado entre las personas que fueron compelidas a entregar esclavos comprados en subasta pública en San Germán luego de un decreto oficial.
Juan Ortiz Vélez	---	«Juan Hortiz Vélez»[58]	1577: Alcalde ordinario.
Julián Ortiz	---	«Julián Ortiz»[59]	1593: Comprador de bienes vendidos en subasta pública.
Juan Sánchez Ortiz	---	«Jhoan Sánches Hortiz»[60]	1592: Procurador general.
	c.1539	«Juan Sánchez Hortiz»[61]	1594: Declaró ser cuñado de Rodrigo Ortiz Vélez. Firmó su nombre.
	---	«Juan Sánchez Ortiz»[62]	1609: Testigo y vecino de San Germán. Firmó su nombre.
Rodrigo Ortiz Vélez	c.1540	«Rodrigo Ortiz, alcalde ordinario»[63]	1572: Alcalde ordinario y testigo en San Germán. Firmó su nombre.
	---	«Rodrigo Ortiz Béles»[64]	1577: Capitán y alcalde ordinario.
	c.1541	«Rodrigo Ortiz Vélez»[65]	1596: Vecino de San Germán. Firmó su nombre.

[57] AGI, Justicia, 997, N° 4, R.1. f.41v.
[58] AGI, Santo Domingo, 544. f.111.
[59] AGI, Escribanía, 133B, Pieza 8. f.15v.
[60] AGI, Escribanía, 133B, Pieza 4. f.18.
[61] AGI, Escribanía, 133B, Pieza 8. ff.42-42v.
[62] AMA, Protocolos Notariales de Rodrigo Sánchez, 6-VIII-1612. f.341v.
[63] AGI, Santo Domingo, 168, f.408.
[64] AGI, Santo Domingo, 79, N° 141. f.1525.
[65] AGI, Escribanía, 133B, Pieza 8. f.23.

No disponemos de mucha información más allá de algunos nombres sin asociaciones o parentescos. Es de importancia notar, aun así, que Rodrigo Ortiz Vélez fue sólo uno de varios otros vecinos en usar ese apellido. Aunque Lluch Mora lo señaló a él como el punto final de la ascendencia de los Ortiz de la Renta en San Germán, y aun dejando a un lado la falta de evidencia entre la familia de su esposa y los González de la Renta, cuando estudiamos la aparición del apellido **ORTIZ** se ve una relativa y abundante distribución. Similar a los **GONZÁLEZ** en la villa, es posible que algunos de esos Ortiz hayan sido parientes, pero, con excepción de Rodrigo y Juan Ortiz Vélez, no contamos con suficiente información para suponer o hipotetizar nada.[66] Cualquiera de estos, o sus descendientes, ligados con la familia González de la Renta pudieron haber dado paso al linaje del apellido compuesto que aquí articulamos.

A parte de todo, si tomamos al regidor Andrés González de la Renta como el patriarca de la línea genealógica que contribuyó a la segunda parte del apellido compuesto **ORTIZ DE LA RENTA**, nos resulta posible que el propósito original de haber formado ese apellido compuesto haya sido para preservar el nombre de las respectivas familias. Y podríamos pensar que tanto la familia **ORTIZ** como la **GONZÁLEZ DE LA RENTA** debieron haber tenido algo de influencia o riquezas como para que descendientes de una unión entre ambas familias perpetuaran ese enlace con un nuevo apellido compuesto. Prácticamente todos los Ortiz mencionados en esta lista, o bien sus descendientes, son buenos candidatos para la unión Ortiz de la Renta, pues fueron en su mayoría funcionarios civiles y hacendados —siendo ese exactamente el caso para Andrés González de la Renta—.

---

[66] El posible parentesco entre Rodrigo Ortiz Vélez y Juan Ortiz Vélez se entiende haber sido fraterno ya que ninguno de los hijos de Rodrigo y Constanza hubieran sido mayores de 16 años para el momento de la aparición de Juan como alcalde ordinario (1577). Pero es importante aclarar que aunque la evidencia documental señala a la presencia de un hermano de Rodrigo Ortiz Vélez en San Germán, según declarado en su *Probanza*, no contamos con evidencia documental explícita que indique que el nombre haya sido efectivamente Juan Ortiz Vélez. En su defecto, los factores demográficos en la villa, las fechas y los apellidos han sido utilizados para establecer y apoyar la hipótesis. En un ensayo nuestro previamente publicado y titulado "*Rodrigo Ortiz Vélez. Una revaluación genealógica.*", ofrecimos a los lectores una nómina de los hermanos de Rodrigo, e incluimos a Juan Ortiz Vélez entre ellos (Vélez Acevedo, "Rodrigo Ortiz Vélez. Una revaluación genealógica.", pp. 121-122). Aprovechamos esta ocasión para reiterar la cautela sobre el posible parentesco entre los mencionados que en esa otra ocasión no hicimos explícita.

No hemos encontrado nada de evidencia que vincule directamente los Ortiz de la Renta a ninguno de los Ortiz aquí señalados. Además, como veremos a continuación, el rango de fechas durante el cual aparecen los primeros Ortiz de la Renta, según lo documentado, es para el siglo XVII. De manera que también es posible que el linaje haya surgido por la unión de algún descendiente de otra posterior familia **ORTIZ** que no hayamos incluido aquí.[67]

Mala cronología

Además del problema con los apellidos que hemos expuesto, y que se extiende mucho más allá de Alonso e Isabel, hubo otras omisiones por parte de Lluch Mora que igualmente crean más dudas sobre los progenitores de los Ortiz de la Renta que él presentó. El autor indicó que los primeros portadores del apellido fueron cuatro hermanos, y todos nacidos en San Germán entre 1620 y 1630:[68]

1. **Alonso Ortiz de la Renta**

2. **Cristóbal Ortiz de la Renta**

3. **Juan Ortiz de la Renta**

4. **Diego José Ortiz de la Renta**

Sin embargo, hay un dato fundamental sobre los alegados padres de los hermanos Ortiz de la Renta que debe ser estudiado con mayor detenimiento: sus edades. Alonso González nació para el año 1561.[69] Isabel no sabemos cuándo nació, pero sí sabemos que ya para el 1593 estos estaban

---

[67] Nuestra nómina de portadores del apellido Ortiz está limitada no tan sólo a la primera mitad del siglo XVI, pero también a la villa de San Germán. Familias Ortiz procedentes de San Juan, por ejemplo, podrían ser igualmente válidas y tomadas en consideración para la unión Ortiz de la Renta de forma más general. Recordando, sobre todo, que el origen del linaje Ortiz de la Renta mediante la unión de los apellidos Ortiz y González de la Renta en Puerto Rico es en sí sólo una teoría que aún no ha gozado de evidencia indiscutible. Véase, nota nº 4.

[68] Lluch Mora, *Catálogo...*, pp. 19-21.

[69] Véase, Cuadro 1.

casados. En el año de 1596 Alonso estuvo implicado y acusado de haber obtenido mercancías de contrabando, y cuyas acusaciones lo llevaron a ser enjuiciado en San Juan.[70] En su defensa Alonso dijo que las mercancías que él tenía las recibió luego de una repartición por orden judicial, por haber sido él quien denunció a los contrabandistas. Además, añadiendo Alonso para fortalecer su defensa, que él sólo quería justicia para el rey, y las mercancías no salieron de su casa ni fueron vendidas: «tengo muger e familia», declaró Alonso González el día 12 de julio de 1596.[71]

Aunque su testimonio fue tomado en el año 1596, la referida denuncia de contrabando fue presentada en el mes de noviembre de 1593. De modo que si él usó su esposa y familia –entiéndase, hijos o demás– como justificación de sus acciones, pues inferimos que para el momento de la dicha denuncia, en 1593, esa familia ya estaba presente.

Adicionalmente, consideramos poco probable que Isabel González se haya casado mucho antes de sus 15 años. Así que, si tomamos esa edad como el momento en que ella se casó y formó su familia con Alonso en 1592-93 como el punto más temprano en su cronología biológica, ella hubiera nacido aproximadamente para el 1577 y daría un relativo amplio tiempo para haber casado y tener al menos un hijo para finales del 1593, que fue el período de la denuncia de contrabando por parte de Alonso. Isabel González, entonces, hubiera tenido 43 años para el 1620, o 53 para el 1630, rango de tiempo aproximado en el que nacieron los primeros Ortiz de la Renta, según Lluch Mora. Alonso, por su parte, hubiera tenido entre 59 y 69 años de edad. Ambos hubieran sobrepasado los límites aproximados de su período reproductivo óptimo.

La gráfica cronológica que aquí presentamos resulta luego de la interpretación de esa información.

---

[70] AGI, Escribanía, 133B, Pieza 8. ff.21-22v.

[71] Ibid., f.24v. Para una transcripción parcial del juicio de Alonso González por asuntos de contrabando en 1596, y varios de los detalles, véase: Documento nº 2 (Apéndices).

Diagrama 1: *Cronología de parentesco entre Rodrigo Ortiz Vélez y Constanza Ortiz, y Alonso González e Isabel González.*[72]

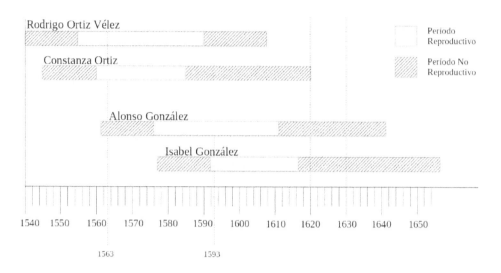

Tomando estos datos en el contexto de la época, y de esta familia en particular, no es posible que Alonso e Isabel González hayan sido capaces de procrear cuatro hijos para la década de 1620. Reiterando, la cronología presentada es asumiendo que Isabel se casó muy joven y nació para el 1577 (Alonso le llevaría unos 16 años). Si ella hubiera nacido más antes, pues hubiera tenido mayor edad aún al momento de los primeros Ortiz de la Renta presentados en el *Catálogo*.[73]

---

[72] Con el propósito de simplificar y estandarizar la gráfica, hemos asumido: (a) comienzo del período natural reproductivo a partir de los 15 años para ambos géneros; (b) duración del período reproductivo óptimo para los varones de 35 años, y para las hembras 25 años; (c) lapso de vida entre 70 y 80 años, en los casos que se desconozcan las fechas exactas. Los años indicados con las líneas verticales señalizan puntos de interés en la cronología.

[73] La evaluación de la cronología asumiendo que Isabel se haya casado a sus 15 años de edad es solamente con intención de presentar el extremo de edad que pudiera satisfacer las dos condiciones que aquí deseamos considerar: (1) que Alonso e Isabel ya estaban casados, y pudieran haber tenido un hijo, para el año 1593, y (2) que Isabel aún era muy joven para la década del noventa y le sería posible tener más hijos después de ese período. Si ella hubiera tenido, por ejemplo, 25 años para el 1593, en vez, hubiera tenido entre 53 y 63 años para el momento de los hijos que propuso Lluch Mora en su *Catálogo*. En cualquier caso, estos datos hipotéticos son únicamente presentados para analizar la cronología del matrimonio entre Alonso e Isabel, ya que no contamos con el año de nacimiento exacto de Isabel, ni el

Por último, por el testamento de Constanza Ortiz sabemos además que Alonso e Isabel ya tenían múltiples hijos para el 1620, exactamente el mismo año en el cual se redactó el testamento, pues Constanza los mencionó entre sus herederos: «dejo y nombro por mis ligítimos y universales herederos [...] y a mis nietos, hijos de Ysavel Gonzáles».[74]

Sería tentador concluir que la primera generación de **ORTIZ DE LA RENTA** entonces debió nacer antes del 1620 para mantener y justificar a Alonso e Isabel González como los padres de estos. No obstante, aparte de las incongruencias con los **GONZÁLEZ DE LA RENTA** que imposibilitan concluir que Alonso o Isabel hayan sido miembros de esa familia, la primera generación de los Ortiz de la Renta presentada en el *Catálogo* es de por sí dudosa.

año del evento nupcial.
[74] AGI, Escribanía, 9A, N° 1, Pieza 1. f. 198v.

DESCENDENCIA

1. Alonso Ortiz de la Renta

Según Lluch Mora, Alonso Ortiz de la Renta nació entre 1620 y 1630, y casó con María de Montalvo.[75] Estos tuvieron cuatro hijos: **Alonso**, **María**, **Adrián** y **Juan**. Los primeros dos hijos aparecen en la publicación de Enrique Ramírez Brau, *Orígenes Portorriqueños*, pero no es clara la fuente de información primaria exacta que este otro autor utilizó.[76] Los restantes, Adrián y Juan, fueron señalados como hijos de Alonso Ortiz de la Renta y María de Montalvo según Lluch Mora a través de los registros sacramentales de Arecibo y Yauco, respectivamente.

Según Ramírez Brau, la hija de Alonso Ortiz de la Renta y María de Montalvo, María, casó con Germán Martínez de Quiñones. Germán y María a su vez tuvieron un hijo, José Martínez de Quiñones, que casó con Feliciana de Lugo.[77] Esa información aparenta estar sustanciada por un registro de matrimonio en la catedral de San Juan en el mes de marzo de 1764, en el cual figura un José de Quiñones, «hijo legítimo de don Germán de Quiñones y de doña María Ortiz», casando con Feliciana de Lugo, hija de Cayetano de Lugo y María Magdalena Quiñones, los novios naturales del pueblo de Ponce.[78] Entre los testigos nombrados además aparece un Francisco Ortiz de la Renta. Si los padres del novio fueron los mencionados Germán Martínez de Quiñones y María Ortiz de la Renta, referidos por Ramírez Brau, pues José de Quiñones hubiera sido el nieto de Alonso Ortiz de la Renta y María de Montalvo. Sin embargo, el matrimonio ocurrió unos 134 años después que hubiera nacido Alonso Ortiz de la Renta, si usamos el 1630, o 144 años si usáramos el 1620. Por lo tanto, sería imposible que Alonso Ortiz de la Renta haya sido el abuelo materno de José de Quiñones, y si lo fue, significa que Alonso no pudo haber nacido para el rango de tiempo que propuso Lluch Mora, sino, debió de nacer mucho más tarde.

La siguiente gráfica genealógica ilustra la cronología de esta familia, entrelazando las tres generaciones partiendo desde Alonso Ortiz de la Renta y María de Montalvo hasta José de Quiñones y Feliciana de Lugo.

---

[75] Lluch Mora, *Catálogo...*, p. 19.
[76] Ramírez Brau, *Orígenes Portorriqueños*, p. 160.
[77] Ibid.
[78] AHCSJ, Serie de Matrimonios (Blancos), Libro III. ff.118-118v.

Diagrama 2: *Cronología de parentesco entre Alonso Ortiz de la Renta y María de Montalvo y dos subsiguientes generaciones.*[79]

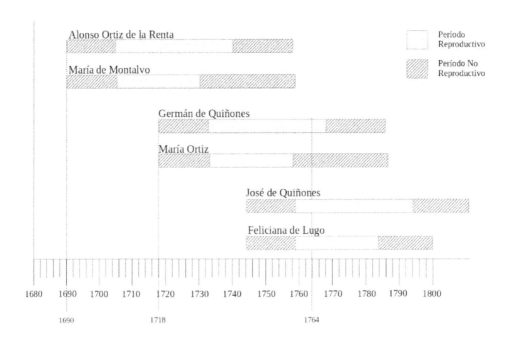

Aunque hemos asumido edades promedio nupciales para todos los señalados, aun moviendo la barra cronológica para cada uno de ellos, cinco, diez o hasta quince años en cualquier dirección, resulta evidente que aun así no habría tiempo suficiente para que Alonso Ortiz de la Renta alcanzara haber nacido para la década de 1620 si fue el abuelo materno de José de Quiñones.[80] Usando la estimación presentada, que es sólo una aproximación, pues Alonso Ortiz de la Renta debió de haber nacido para finales del siglo XVII o principios del XVIII si su nieto se casó por primera vez en el 1764.[81]

---

[79] Hemos empleado los mismos criterios descritos para la gráfica cronológica anterior (véase, nota nº 72).

[80] Más allá de lo presentado por Ramírez Brau en su publicación, no contamos con evidencia documental que nos asegure que Alonso Ortiz de la Renta fue, en efecto, el padre de María Ortiz, casada con Germán de Quiñones. Aun así, lo que deseamos ilustrar con la gráfica cronológica es que el abuelo de José de Quiñones, sea Alonso Ortiz de la Renta o no, no pudo haber nacido para el primer cuarto del siglo XVII si José se casó en la segunda mitad del XVIII.

[81] No disponemos del año de nacimiento de José de Quiñones o Feliciana de Lugo. Aun así,

Creemos, entonces, que este Alonso no cualificaría como miembro de la primera generación de los Ortiz de la Renta.

Registros relevantes a los asuntos civiles de la villa de San Germán sí demuestran que hubo un Alonso Ortiz de la Renta activo ya para la década de 1680 en la villa. Este otro Alonso —llamémoslo Alonso (I)— debió de haber nacido para mediados del siglo XVII, o antes, ya que para el 1687 era alcalde de la Santa Hermandad en San Germán,[82] y por lo tanto tuvo que ser distinto del Alonso Ortiz de la Renta que casó con María de Montalvo, y quien fue el aparente abuelo materno de José de Quiñones. Adicionalmente, para esta misma década aparece también un José Ortiz de la Renta, como regidor en 1681,[83] y procurador general en 1683,[84] y por lo cual deducimos que también perteneció a una generación precedente a la del otro Alonso.

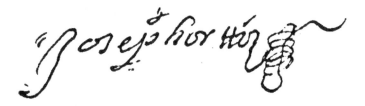

Firma y rúbrica de José Ortiz de la Renta. San Germán (1697).[85]

---

estos fueron los padres de José Escolástico de Quiñones, quien casó con Manuela Dávila, y luego de enviudar casó con Juana Dionisia Rodríguez. José Escolástico y Manuela bautizaron un niño, Juan José Bautista, en 1794 en Bayamón, y fueron sus padrinos «don Joséf Quiñones y doña Feliciana de Lugo», o sea, los abuelos paternos del niño como padrinos (APSC, Serie de Bautismos, Libro III. f.13v). En 1800 Feliciana de Lugo falleció en Bayamón y fue enterrada en el Convento de Predicadores de San Juan (AHCSJ, Serie de Entierros, Libro XIV. ff.145v-146v). Más tarde, en 1810, José Escolástico contrajo matrimonio con la mencionada Juana Dionisia, en Loíza (APSP, Serie de Matrimonios, Libro I. f.5v.). Asumimos que José de Quiñones falleció posterior al 1810 ya que el registro de matrimonio de José Escolástico y Juana Dionisia menciona a Feliciana de Lugo, la madre del novio, como difunta, pero no señala lo mismo para su padre, véase: Documento nº 6 (Apéndices). Reiteramos estos datos como validación de la cronología presentada en el *Diagrama 2*. Una vez más, si José de Quiñones aún estaba vivo para el 1810, su abuelo materno no pudo haber nacido para el 1620-1630.

[82] AGI, Escribanía, 124B, Pieza 14. f.14v.
[83] AGI, Indiferente, 138, Nº 7. f.41.
[84] AGI, Escribanía, 124B, Pieza 14. f.14.
[85] AGI, Escribanía, 124A, Nº 8. f.93.

Alonso (I) Ortiz de la Renta y José Ortiz de la Renta bien pudieron haber sido parientes del posterior Alonso Ortiz de la Renta, pero no hemos encontrado evidencia documental para sustanciar ningún vínculo con certeza absoluta.[86] No obstante, estos dos individuos son mejores candidatos para ser nombrados como los primeros Ortiz de la Renta, ya que estimamos que deberían de haber nacido durante la primera mitad del siglo XVII y representan, hasta la fecha, las menciones documentadas más antiguas de personas con ese apellido compuesto en San Germán en nuestras búsquedas.

Además de quedar en duda el rango de la fecha de nacimiento de Alonso Ortiz de la Renta, hay errores y más dudas entre varios de los que fueron presentados como hijos de éste en el *Catálogo*.

Sobre Adrián, *Catálogo*: «[21] Acta de inscripción matrimonial de Adrián Ortiz de la Renta y Graciana Rodríguez, 11 de junio de 1725, L. M. I. (1708-1725), A. C. A., f. 47.»[87]

La información literal que aparece en el primer libro de matrimonios del Archivo de la Catedral de Arecibo, folio 47, indica que el nombre del novio fue Adrián Ortiz de la Renta, natural de Aguada, *hijo* de Graciana Rodríguez, y casó con doña Ana Meléndez, hija de Manuel Santiago y doña Juana Bautista.[88] El error más sobresaliente en el *Catálogo* es haber nombrado a Graciana Rodríguez como la esposa de Adrián, cuando en realidad fue su madre, pero hay otros detalles más que son importante señalar.[89] El evento nupcial fue en 1725, aproximadamente unos 100 años después de nacer el que Lluch Mora indicó como el padre, lo que representa una contradicción cronológica irreconciliable.

Además, la identidad del padre no fue incluida en el registro de matrimonio, y la madre de Adrián aparece con el apellido Rodríguez, de modo que no sería posible determinar de quién, o cómo, él heredó el apellido Ortiz de la Renta sin más documentación. Y pues, con tan poca información,

---

[86] De hecho, no sabemos tampoco qué posible parentesco pudo haber entre Alonso (I) y José, ya que fueron contemporáneos y miembros del Cabildo de la villa de San Germán durante el mismo período. Por ejemplo: padre e hijo, tío y sobrino, hermanos, primos, etc.

[87] Lluch Mora, *Catálogo*…, p. 19.

[88] ACA, Serie de Matrimonios, Libro I. f.47. Para una transcripción literal de esta partida de matrimonio, véase: Documento nº 8 (Apéndices).

[89] La identidad de la esposa de Adrián aparece incorrecta en el *Ensayo Preliminar* del *Catálogo* que discute la ascendencia y descendencia de los Ortiz de la Renta, pero aparece corregida en el listado general (Lluch Mora, *Catálogo*…, p. 125.). Sin la consulta del documento original crearía duda en el lector de cuál dato es el correcto.

¿cómo vinculó Lluch Mora a este Adrián Ortiz de la Renta, natural de Aguada, con Alonso Ortiz de la Renta, vecino de San Germán? La información presentada en el registro de matrimonio tal vez sirva para generar varias hipótesis de cómo pudo haber estado vinculado Adrián con los Ortiz de la Renta de San Germán, pero no suficiente para establecer conclusiones.

Sobre Juan, *Catálogo*: Su defunción, «15 de noviembre de 1753, L. Def. I (1751-1765), A. P. Y., f. 8-9.»[90]

El registro del Archivo Parroquial de Yauco sí indica que este Juan Ortiz de la Renta era natural de San Germán, sin embargo, no se mencionan los padres.[91] Según el registro, murió a los 80 años, así que debió nacer para el 1673. Haciendo uso de la cronología que hemos propuesto para Alonso Ortiz de la Renta, parece muy posible incluso que Juan haya nacido antes que Alonso, no después.[92] De todos modos, el documento citado por Lluch Mora no es válido para establecer conclusamente quiénes fueron los padres de Juan Ortiz de la Renta, pues sencillamente no fueron incluidos en la partida de defunción.

Aún más, en un ensayo publicado en el *Boletín de la Academia de la Historia Puertorriqueña* en 1976, el mismo año que el *Catálogo*, Lluch Mora presentó una filiación distinta para este Juan Ortiz de la Renta.[93] En la segunda versión, Lluch Mora indicó que el Juan Ortiz de la Renta que falleció en Yauco, no fue hijo de Alonso Ortiz de la Renta, sino del hermano de este último, el otro Juan Ortiz de la Renta mencionado entre los Ortiz de la Renta de la primera generación según el *Catálogo*.

Aparte de las contradicciones cronológicas, las presentaciones de ambas versiones carecen de fuentes documentales para sustanciarlas.

2. Cristóbal Ortiz de la Renta

Catálogo: «nace en la Villa de San Germán, en la década de 1620 al

---

90 Lluch Mora, *Catálogo…*, p. 20.

91 APSR, Serie de Entierros, Libro I (traslado). ff.8-9. Véase, Documento nº 10 (Apéndices).

92 El registro de entierro menciona los hijos que tuvo entre sus dos matrimonios, y entre los varones aparecen los nombres: Martín, Diego, Nicolás, Matías y Juan Alejos. No aparece el nombre de Alonso. Aun así, esos otros hijos varones, en teoría, hubieran tenido mayor facilidad para perpetuar el apellido compuesto Ortiz de la Renta, si lo usaron.

93 Lluch Mora, "El Elemento Demográfico de Guayanilla 1730-1800", p. 36.

1630, donde casa con María de Villanueva». Sólo menciona un hijo, «el Capitán Manuel Ortiz de la Renta» quien casó en Arecibo «con Doña Francisca Meléndez, hija legítima de Manuel de Santiago y Doña Juana Bautista.»[94] Fuente: «[25] Inscripción matrimonial del Capitán Manuel Ortiz y Doña Francisca Meléndez, 7 de julio de 1725, L. M. I. (1708-1760), A. C. A., f. 47.»[95]

Esta información concuerda con el registro parroquial citado, excepto los apellidos que aparecen sólo como: «Capitán Manuel Ortis, natural de este pueblo, hijo lexítimo de Christóval Ortiz y de María de Villanuva».[96] El registro indica que Manuel Ortiz era natural del pueblo de Arecibo y los lazos nupciales fueron atados en el 1725. Una vez más, la incompatibilidad cronológica es evidente. Pues si Cristóbal, el padre, nació supuestamente entre 1620 y 1630, ¿cómo es posible que uno de sus hijos se casara unos 100 años después? La partida no indica que Manuel Ortiz fuera viudo, ni Cristóbal Ortiz difunto.

3. Juan Ortiz de la Renta

Catálogo: Casó «con Juana de Matos Maldonado. Vecino, como su hermano, de Arecibo, donde casa su hijo Pedro Ortiz con María González Negrón, hija legítima de Manuel González de la Renta y Dionisia de Rivera.»[97] Fuente: «L. M. I. (1708-1760), A. C. A., f. 76 vlto.»[98]

Luego de estudiar el registro parroquial, encontramos el matrimonio entre los mencionados en los folios 86-86v, y el novio «Pedro Ortiz» fue hijo de «Juan Ortis y de Juana de Matos Maldonado».[99] El registro también indica que tanto los novios como sus padres eran «todos naturales de dicho pueblo» de Arecibo, y la única mención 'de la Renta' aparece en asociación con el *padre de la novia*, como González de la Renta.[100]

En el Libro I de Matrimonios, además, aparece en el año 1714 el

---

[94] Lluch Mora, *Catálogo...*, pp. 20-21.

[95] Ibid. p. 21.

[96] ACA, Serie de Matrimonios, Libro I. f.47-47v. Curiosamente, la esposa de este Manuel Ortiz, Francisca Meléndez, era hermana de Ana Meléndez, la que casó con Adrián Ortiz de la Renta, también en Arecibo en junio de 1725. Véase, Documento n° 8 (Apéndices).

[97] Lluch Mora, *Catálogo...*, p. 21.

[98] Ibid.

[99] ACA, Serie de Matrimonios, Libro I. ff.86-86v.

[100] Véase, Documento n° 8 (Apéndices).

matrimonio entre un Juan Ortiz y Juana Maldonado, que posiblemente sean los referidos padres de Pedro Ortiz.[101] Luego, en la Serie de Bautismos, en el año 1720 fue bautizado un niño de nombre Pedro, hijo legítimo de «Juan Ortiz y de Juana», ambos naturales del pueblo de Arecibo.[102] En ninguno de esos registros aparece el apellido compuesto Ortiz de la Renta. Además, si ese Juan Ortiz hubiese sido el mismo que según se afirma nació en la década de 1620, hubiera tenido casi 100 años para el momento del bautismo del niño Pedro en 1720.

En adición, añadió Lluch Mora: «Don Juan Ortiz de la Renta murió en el primer cuarto del siglo XVIII, a la edad de 98 años»,[103] o sea, entre 1700-1725. Esa propia declaración, sea cierta o no, invalida por deducción totalmente el alegado parentesco del mencionado Pedro Ortiz como hijo de Juan Ortiz de la Renta, ya que el evento nupcial entre el antedicho y María González Negrón fue el 6 de mayo de 1739, y Pedro Ortiz no es mencionado como viudo, ni sus padres difuntos, dato que consta en muchas otras partidas incluidas en ese mismo libro sacramental.[104]

---

[101] ACA, Serie de Matrimonios, Libro I. f.12v. En el registro no se incluyeron los nombres de los padres de los novios.

[102] ACA, Serie de Bautismos, Libro I. f.64v. Véase, Documento nº 9 (Apéndices).

[103] Lluch Mora, *Catálogo…*, p. 21. La información de la muerte de Juan Ortiz de la Renta fue tomada de Rafael Reichard Sapia, aclaró Lluch Mora en esa misma nota al calce, pero sin citar fuentes primarias.

[104] En otra reformulación más en torno a este Juan Ortiz de la Renta, Lluch Mora en otro de sus trabajos alteró el apellido, y su identidad, llamándolo Juan Ortiz Vélez Borrero: «11 Juan Ortiz Vélez o Juan Ortiz Vélez Borrero es hijo legítimo de Alonso González de la Renta, hermano de Alonso, Diego José y Cristóbal. Nace entre 1620 y 1630 en la Villa de San Germán, casa con Juana de Matos Maldonado. […] Juan Ortiz Vélez es el único hermano de los primeros Ortiz de la Renta que firma a veces Ortiz de la Renta y a veces Ortiz Vélez u Ortiz Vélez Borrero.» Lluch Mora, *Orígenes y fundación de Ponce…*, p. 45. En adición de todo esto, en otra publicación más, y creando mayor confusión aún: «8. Juan Ortiz Vélez Borrero, h. legmo. de Rodrigo Ortiz Vélez […] y Constanza Ortiz […], casado con Isabel González de la Renta ambos vecinos de la Villa de San Germán.» Lluch Mora, "Noticias referentes a Guayanilla…", p. 6.

En el siglo XVII hubo dos personas documentadas con el nombre Juan Ortiz Vélez Borrero: Juan (I) Ortiz Vélez Borrero, el padre, y Juan (II) Ortiz Vélez Borrero, su hijo. Juan (I) casó con Leonor Ortega, y Juan (II) casó con Juana de Quiñones (AGI, Indiferente, 130, Nº 63. ff.1v, 3.). En adición, Juan (I) fue hijo de Antonio Rodríguez Borrero y Juana Martín Vélez (AGI, Indiferente, 130, Nº 63. ff.1-1v.). La única ambigüedad en relación al nombre de Juan (I) y Juan (II) en los registros estudiados es la ocasional exclusión del 'Borrero' en 'Ortiz

4. Diego José Ortiz de la Renta

Catálogo: «nace, como sus hermanos, en la Villa de San Germán en la década de 1620 al 1630. Ignoramos con quién casa», añadiendo, «deja un hijo de su mismo nombre, quien casa con Clemencia de Almonte.»[105] Aclarando en una nota al calce: «Sabemos por acta de inscripción bautismal que obra en Arecibo, que casa con Clemencia de Almonte, y tiene un hijo de nombre Bernabé. (L. B. I., f. 4 vlto., A. C. A.).»[106]

El bautismo citado fue el día 2 de octubre de 1708, y el niño fue hijo legítimo de «Diego Joséf Ortiz y de Clemencia de Almonte».[107] No aparece el Ortiz de la Renta tampoco entre los padrinos. Además, nuevamente está la sucesión cronológica un poco extendida, ya que Diego José Ortiz de la Renta, el alegado abuelo del niño, hubiera tenido entre 78 a 88 años de edad al momento del bautismo. Pero la pregunta más fundamental es implícita, ¿cómo supo Lluch Mora que Diego José Ortiz, padre del niño bautizado, fue a su vez hijo de Diego José Ortiz de la Renta? La partida de bautismo, de Arecibo, no hace mención de los abuelos.

Ninguno de los declarados como miembros de la primera generación de los Ortiz de la Renta y sus descendientes presentados por Lluch Mora están sin faltas. Hay lapsos cronológicos impresionantemente extensos entre padres e hijos, o nietos, hubo aparentemente un hijo natural (Adrián Ortiz de la Renta) y la ausencia recurrente del apellido Ortiz de la Renta de forma literal y explícita en muchos casos es evidente. Sabiendo además el criterio que Lluch Mora utilizó para presentar los **GONZÁLEZ DE LA RENTA**, ¿cómo podemos saber que esos otros **ORTIZ** no los convirtió él en **ORTIZ DE LA RENTA** a su propio antojo?

Reconocemos que es posible que Lluch Mora en algunos casos contara con algún otro documento para varios de los señalados Ortiz, y en los cuales aparecieran con el apellido compuesto Ortiz de la Renta, y por esa razón el autor se refiriera a ellos usando el apellido distinto a como aparecieron en los documentos citados en el *Catálogo*. Pero si fue ese el caso, ¿por qué no citar esos otros documentos en primer lugar, o de manera suplementaria?

Vélez Borrero'. En ningún documento estos aparecen como 'Ortiz de la Renta'.
[105] Lluch Mora, *Catálogo...*, p. 21
[106] Ibid.
[107] ACA, Serie de Bautismos, Libro I. f.4v.

También es importante reconocer que, aunque el *Catálogo* de Lluch Mora lleva su nombre, éste tuvo varios colaboradores. De manera que no guarda él todo el crédito por los datos y conclusiones en su libro, correctos o no, sobre la genealogía de los señalados como los primeros Ortiz de la Renta y sus descendientes. La información de los primeros hermanos Ortiz de la Renta, según el propio autor, fue compartida con él por Rafael Reichard Sapia.[108] Y el listado de los hijos de Alonso Ortiz de la Renta y María de Montalvo fue proveído por Gustavo Ramírez de Arellano.[109] Desconocemos en su totalidad qué tanto habrá aportado, o alterado, Lluch Mora a la información que le fue entregada por estos otros investigadores, pero lo cierto es que hemos descubierto errores en ambas nóminas.[110]

Finalmente, Aurelio Tió y Arturo Ramos Llompart en su *Catálogo de alcaldes de San Juan y San Germán*, publicado en 1981 en el *Boletín de la Academia Puertorriqueña de la Historia*, indicaron que un «Juan Ortiz de la Renta» fue alcalde de San Germán para el 1573.[111] Los autores no ofrecieron fuentes primarias para ese dato y no lo hemos podido corroborar nosotros tampoco de manera independiente a través de documentos en el Archivo General de Indias. También es posible que haya sido un error de transcripción o de edición. No obstante, es igualmente posible que exista más información en los Archivos Estatales de España que aún no haya sido estudiada y que compruebe la aparición de otros miembros de la familia **ORTIZ DE LA**

---

[108] Lluch Mora, *Catálogo…*, p. 19.

[109] Ibid., p. 20.

[110] Sí tenemos constancia al menos de una alteración. Lluch Mora escribió en el *Catálogo* que en los datos originales Rafael Reichard Sapia nombró a *Alonso Ortiz de la Renta* e *Isabel González* como los padres de los primeros Ortiz de la Renta. Pero Lluch Mora creyó haber corregido la información de Reichard Sapia con su conclusión de Alonso **González** e Isabel González como los padres. *Catálogo*: «Evidencia documental prueba que Alonso se apellidaba González y no Ortiz.» Lluch Mora, *Catálogo…*, p. 19. O sea, Lluch Mora alteró totalmente la identidad del padre de los hermanos que alegaba Reichard Sapia, e identificó a esa Isabel González como la misma con ese nombre que fue hija de Rodrigo Ortiz Vélez.

Si ignoráramos las conclusiones de Lluch Mora, y tomáramos sólo a esos *Alonso Ortiz de la Renta* e *Isabel González* como los padres de los primeros Ortiz de la Renta, parecería posible que Reichard Sapia estuviera refiriéndose al que nosotros hemos nombrado aquí Alonso (I) Ortiz de la Renta, alcalde de la Santa Hermandad de San Germán en 1687. Desconocemos si es ese precisamente el caso, pero sí formularía una mejor cronología.

[111] Tió, et al, "Catálogo de alcaldes de San Juan y San Germán", p. 124. Los autores aclararon que el año de 1573 es sólo una aproximación (Ibid.).

RENTA para el siglo XVI. Sería sobre todo un hallazgo significativo ya que los primeros portadores de ese apellido que tenemos validados aparecen a partir de la segunda mitad del siglo XVII. Mayor antelación en la aparición documentada de los Ortiz de la Renta, además de reafirmar la invalidez de las conclusiones presentadas por Lluch Mora, representaría un trayecto genealógico más extenso y complejo para esta familia en la Isla.

Conclusiones

La Genealogía tanto como la Historia se nutren de datos y hechos para sustanciar sus funciones. Sin embargo, con gran facilidad muchos genealogistas se han permitido una cierta *licencia creativa* que enorgullece a quien la usa, y satisface al lector que la ignora. Rechazamos ambas.

No todos los Ramírez son **RAMÍREZ DE ARELLANO**, no todos los López son **LÓPEZ DE VICTORIA** y, ciertamente, no todos los Ortiz son **ORTIZ DE LA RENTA**. La deslumbrante presencia de estas varias familias en Puerto Rico ha cegado a muchos estudiosos o genealogistas que han mostrado interés por ellas. E inadvertidamente, ese afán por esos linajes ha creado un rechazo por las auténticas historias de otras familias y ha producido la publicación de evidentes errores genealógicos.[112]

Mantenemos mucho respeto y admiración por la dedicación de Francisco Lluch Mora a través del transcurso de su prolífica carrera al estudio de distinguidas familias puertorriqueñas, y por su aportación a la historia de varios pueblos del suroeste como Ponce, Yauco y San Germán. No obstante, la publicación de datos erróneos sobre personas del pasado, y sobre los orígenes de linajes, sean de renombre o no, manchan la propia historia de las personas y descendientes que el autor intenta elevar. Y esa mancha permanece no porque sea una conexión genealógica desmoralizadora, sino porque les confiere una identidad incorrecta y falsa que ocultará su verdadera historia familiar, contraproducente a la tarea genealógica.

Exhortamos a los interesados o curiosos por este linaje a disociar los nombres de Alonso e Isabel González –y por ascendencia, los de Rodrigo Ortiz Vélez y Constanza Ortiz– como los progenitores indiscutibles de los Ortiz de la Renta. Las implicaciones son de importancia ya que una de las premisas que ha circulado por muchos años entorno a la genealogía puertorriqueña es que los Ortiz de la Renta, como los Vélez Borrero, los Vélez del Rosario, etc., todos parten del mismo tronco familiar de Rodrigo Ortiz Vélez en San Germán. Habiendo establecido que Rodrigo no pudo ser el abuelo de esos alegados primeros Ortiz de la Renta, pues la conexión de su familia con ese linaje ha quedado dudosa y debe ser examinada con mucho más escrutinio antes de poder ser aceptada.

---

[112] Sobre datos incorrectos referentes a la familia Ramírez de Arellano, por ejemplo, véase: de Jesús Rodríguez, *Don Antonio Ramírez de Arellano, Corregidor de San Germán*, pp. 4, 23.

Las dudas sobre los progenitores de los primeros Ortiz de la Renta aún perduran a pesar de nuestro intento por buscar respuestas y conexiones genealógicas debidamente documentadas. Estas dudas podrían ser resueltas en el futuro con el estudio de más y nuevas fuentes por otros investigadores que sean capaces de expandir nuestro conocimiento de este linaje. Pero hasta la fecha, el *Catálogo* de Lluch Mora no es un recurso de información indudable y vital para el esclarecimiento de este linaje como fue originalmente presentado.

Ningún investigador está totalmente libre de la posibilidad de errar, sean de mayor o menor gravedad las repercusiones. Así como datos incorrectos de eventos históricos pueden alterar o estropear nuestro entendimiento de eventos del pasado, datos genealógicos incorrectos y no fundamentados pueden afectar el entendimiento de importantes factores sociales, socioeconómicos y demográficos dentro de una población estudiada. La Genealogía tiene una función auxiliar en la rama de la Historia, y sus méritos deben ser defendidos con el mismo celo que los historiadores protegen la integridad de su disciplina. Para ese fin, es prudente reconocer el valor de las fuentes primarias y los métodos analíticos capaces de validar vínculos familiares y todos los beneficios, tangibles e intangibles, que esa labor provee.

Apéndices

Documento nº 1

Compra de esclavos en almoneda por el
regidor Andrés González de la Renta

20 de octubre de 1563, San Germán, Puerto Rico.

AGI, Justicia, 997, Nº 4, R.1

[…] Primeramente, se sacaron a bender // [f.21] en la dicha almoneda, doze esclavos, ocho enbras e quatro barones, por boz de Isidro Segobia, pregonero público nesta dicha villa. En haz de mucha gente se dio el primero pregón e se pusieron en preçio, e andando en la dicha almoneda por mayor puxador en postrero rremato, se rremataron a çiento y ochenta pesos de oro cada esclavo, negras e negros, a luego pagar e luego rremato, e **Andrés Gonzáles de la rrenta**, regidor desta villa.

Yten, se rremataron otros doze negros e negras, çinco barones y las demás enbras, e andando en la dicha almoneda, por voz del dicho pregonero, en postrero remate, se rremataron en el dicho **Andrés González de la rrenta** a razón de cada un esclavo de a çiento y ochenta pesos de horo, a luego pagar e luego rematar.

En este dicho día, mes e año susodicho, se sacaron en la dicha almoneda otros doze negros e negras, los ocho barones e las demás enbras, e andando en la dicha almoneda por mayor ponedor, se rremataron en el dicho **Andrés González de la Renta**, por boz del dicho pregonero, en haz de mucha gente, a çiento y ochenta pesos // [f.21v] de oro cada esclavo, a luego pagar y luego rematar.

En este dicho día, mes e año susodicho, se sacaron a la dicha almoneda otros doze negros e negras, los quatro barones e las demás henbras, entre las quales estaba la una dellas parida con una criatura muy pequeña, e andando en la dicha almoneda, en has de la dicha gente, presente por mayor ponedor, se rremataron en el dicho **Andrés González de la rrenta** a çiento y ochenta pesos de oro cada uno de los dichos esclavos, a luego pagar e luego rematar.

Yten, en este dicho día, se sacaron a la dicha almoneda otros doze esclabos negros, los ocho barones e las demás henbras, e andando en la dicha almoneda por sus pregones, se rrematicaron por mayor ponedor en el dicho **Andrés González de la rrenta**, a çiento y ochenta pesos de oro cada una esclaba, a luego pagar y luego rematar.

En este dicho día se sacaron a la dicha almoneda doze negros, los seis varones e todas las demás enbras, y por estar flacos se sacaron a la dicha almoneda, e andando en el mayor ponedor se rrematicaron en el dicho **Andrés González de la Renta** a çiento y ochenta pesos de horo en moneda corriente cada uno, // [f.22] a luego pagar e luego rematar.

E luego en este dicho día, mes e año susodicho, se sacaron a la dicha almoneda diez y seis negros y negras, los siete varones e las demás enbras, e entre ellos ay algunos biejos, e todos ellos están muy flacos, e andando en la dicha almoneda por mayor puxador, se remataron en el dicho **Andrés González de la rrenta** a çiento e corenta pesos en moneda corrente cada un esclavo, a luego pagar e luego rrematar.

Yten, se sacaron a la dicha almoneda diez y siete negros e negras, los quatro dellos varones y los demás henbras, e por estar muy flacos, e dos dellos con nubes en los ojos, e dos o tres ellos algo viejos, e andando en a dicha almoneda por mayor pujador se rrematicaron en el dicho **Andrés González de la Renta** a çiento e corenta pesos, a luego pagar e luego rrematar cada un esclavo, según desuso.

Yten, se sacaron a la dicha almoneda treinta y uno negrillos e negrillas, tres dellos de quatro diez años o doze, al pareçer los diez y seis dellos barones y lo demás henbras, e andando la dicha almoneda en los dichos pregones por mayor ponedor se rrematicaron en el dicho **Andrés Gonçales de la Renta** // [f.22v] a ciento e corenta pesos, a luego pagar e luego rematar por cada un esclavo, y los diez dellos flacos y algunos de los dichos dez mui flacos.

Yten, se sacaron a la dicha almoneda un negrito e una negra mui flacos, e la negra manca de una mano, e muy flacos, a alma en boca, e andando en el dicho pregón e almoneda por mayor ponedor se rrematicaron en çien pesos por anbos a çincoenta pesos cada uno, a luego pagar e luego rematar.

Yten, se sacó a la dicha almoneda una negra, e andando en la dicha almoneda

36

se rrematató [e]n el dicho **Andrés Gonçales de la rrenta** en çiento y ochenta pesos, a luego pagar e luego rematar.

Ansí echa la dicha almoneda, según de la manera que dicha es, siendo presentes los dichos señores juezes ofiçiales e **Andrés González de la Renta** e Juan García de Olibencia, regidores de la dicha villa. E Juan Guilarte e Juan Díaz de Santana e Pedro García e Francisco de Nyeba, vesino de la çiudad de Puerto rrico, e otras muchas personas, la qual se acavó en este dicho día, mes e año susodicho. **Andrés González de la rrenta**.

Pasó ante mí, Diego Martínez, escribano de Su Magestad.

[…] // [f.23]

Documento nº 2

Juicio de Alonso González
22 de junio de 1596, San Germán, Puerto Rico.
11 – 12 de julio de 1596, San Juan, Puerto Rico.
AGI, Escribanía, 133B, Pieza 8

SECRESTO DE BIENES DE ALONSO GONZÁLEZ. E después de lo susodicho, en veinte e dos días del mes de junio de dicho año, el dicho don Sevastián Fajardo, conmigo, el presente escrivano, en cumplimiento a la comisión que el señor licenciado Fernando de Varela, juez por el rey, Nuestro Señor, en lo tocante a navíos arribados y derrotados, le dio, fue al sitio que dizen Cayn, término de la villa de San Germán, a las moradas que en el dicho sitio tiene **Alonso González**, a hacer secresto de bienes según en la comisión declarada y manda se haga, en la qual estancia y casa entró en ella y secrestó los bienes que en ella se hallaron, que son los siguientes.

> Primeramente, ~~un~~ la mitad de las cosas que están en el dicho sitio y mitad de conucos y platanales que podrá aver cien montones, poco más o menos, y sus platanales.

> Yten, un esclavo nombrado Juan, de hedad a el parezer de cinquenta o sesetenta años, poco más o menos.

En la qual dicha cassa y estancia fue mirada por el dicho don Sevastián y no se halló otros bienes en quien hazer el secresto. Y para saber si avía otros algunos el dicho don Sevastián tomó e recibió juramento de **Ysavel González**, muger del dicho **Alonso González**, que en la dicha estançia estava, si avía otros bienes algunos, la qual debajo del dicho juramento dijo no los tener.

E visto por el dicho don Sevastián dijo que los dichos bienes haçía depositario dellos a **Juan Sánches Ortiz** vecino de la dicha villa que presente estava para que los tenga en deposito y no acuda con ello si no fuera a quien el señor licenciado Fernando de Varela mandare el qual dijo que aceptava el dicho oficio de depositario y los recibe para el dicho efecto los dichos bienes e se obligó en forma que los tendrá de manifiesto acudirá con ellos cada y quando quel señor licenciado Fernando de Varela mandara y a quien y con derecho deva dentro del primero día que le sean pedidos y demandados, so pena de que pagará los dichos bienes de su hazienda y en las demás penas en que caen y encurren los tales depositarios por no acudir y dar los dichos depósitos. E para lo así cumplir obligó su persona e bienes e dio poder a las justicias de Su Magestad para que le hagan cumplir lo aquí //[f.20] contenido, como fue sentencia pasada en casa juzgada en testimonio de lo qual otorgo esta escriptura de depósito en forma fecho en el dicho sitio término de la dicha villa en los dichos veinte e dos de junio de mil e quinientos y noventa y seis años. Fueron testigos **Bartolomé García** e **Juan Lorenço** y **Juan González el moço**, vesinos e rresidentes de la dicha villa que presentes se hallaron lo que dicho [es] y el dicho Juan Sánchez lo firmó, al qual doy fe conosco, y así mismo lo firmó el dicho don Sevastián.

[rúbrica] don Sebastián Fajardo   Juan Sánchez Ortiz [rúbrica]

Ante mí,
Francisco Durán rrosado [rúbrica]
Escribano
// [f.20v]

CONFESIÓN DE ALONSO GONZÁLEZ. En la çiudad de Puerto rrico, a onze días del mes de julio de mil y quinientos y noventa y seis años, el señor licenciado Fernando Varela, juez por su magestad, hizo paresçer ante sí a **Alonso González** vezino de San Germán, y del recibió juramento en la cruz en forma de derecho. Y a lo que se le preguntó declaró lo siguiente.

Preguntado declare si es su propio nombre **Alonso González** y si es vezino de la villa de San Germán y qué edad tiene.

Dijo que se llama **Alonso González** y ques vezino de San Germán y ques de hedad de treinta y çinco años, poco más o menos.

Preguntado declare si es verdad que por el mes de noviembre del año pasado de noventa y tres años, esto que denunció de çiertos bienes que los yndios de la Mona traxeron al puerto de la villa de San Germán, a Puerto Françés, que eran de ingleses.

Dijo ques verdad lo que se le pregunta.

Preguntado declare si es verdad que éste recibió a su poder la otra parte de los bienes yngleses de que éste que hizo denunciación y se a provechado dellos.

Dijo ques verdad lo que se le pregunta y que se rremite a los autos que dello pasaron.

Preguntado declare si es verdad que en los remates y almoneda de los dichos bienes uvo fraude y engaño contra el rey, Nuestro Señor, dándolos baratos al dicho Rodrigo Ortiz y a otras personas que los sacaron. // [f.21]

Dijo éste no sabe si uvo fraude en las ventas ni sino y antes entiende que fueron lo dichos bienes vendidos en muy subidos precios y esto es la verdad y lo que save, so cargo del juramento que hizo. Y no firmó por no saber, y leyosele su derecho y ratificose en él y señaló el señor juez.

> Ante mí
> Francisco Vázquez
> Escribano
> [...] // [f.21v]
> [...]

En la çiudad de Puerto rrico a doze días del mes de jullio de mill y quinientos y noventa y seis años, ante el señor licenciado Fernando de Varela, juez por su Magestad, la presentó **Alonso Gonçález** e pidió lo en ella contenido e justiçia.

Alonso González vezino de la billa de San Jermán en el negozio que de oficio Vuestra Merced a procedido contra mí diziendo aber yo denunziado de ziertas cosas que los yndios de la ysla de la Mona traxeron a bender a la dicha villa por zelo aber dado çiertos ynglezes o franzeçes que llegaron con su nabío a la dicha isla de que Vuestra Merced me a fecho cargo y mandado dar traslado para que me descarge dentro de seis días y rrespondiendo y zatisfaciendo a el dicho cargo y todo lo demás contra mí fecho y actuado en esta causa digo que sin embargo de lo susodicho vuestra merced me a y debe absolver y dar por libre e quito del dicho cargo por las razones siguientes.

Lo primero por todo lo general.

Ottro porque si yo denunzié de las mercadurías y cossas que traxeron los dichos yndios a bender a la dicha villa por aber benido como binieron de contrabando sin registro y licencia de su merced fue porque su magestad no perdiera sus derechos reales y lo que de derecho le pertenesía por aber benido como dicho tengo y también porque como es público y notorio conforme a las ordenanzas de su magestad perteneçen la terçia parte de los bienes denunciados a el denunciador y ansí yo denuncié de los dichos bienes ante la justiçia de la dicha villa, por aprobechar la real hacienda e yo llebar lo que me pertenesía como a tal denunziador, conforme a las dichas ordenansas, como se contiene en los autos de la caussa a que me refiero.

Lo ottro porque si yo no hiziera la dicha denunciazión los dichos indios bendieran libremente lo que trayan y se bolbieran a la dicha isla de la Mona y Su Merced perdiera la terçia parte que le perteneçia de los dichos bienes conforme a ssus reales ordenanssas, y ansí por mi causa fue aprobechada la real hazienda en la parte que le perteneció de lo qual me ofresco a dar ynformación bastante de testigo. // [f.24]

Lo ottro porque la justiçia de la dicha villa me admitió la dicha denunziación y me adjudicó la tercia parte que me perteneçía, conforme a las dichas ordenanssas reales, y ansí la puede tener y poseer libremente como cossa propia mía, sin pena alguna, como costa de los dichos autos, además que de algunas cossas que quedaron por partir de los dichos bienes y se vendieron en el almoneda de Su Magestad que dello se hizo no me dieron cossa alguna, y se quedó en poder de Rodrigo Ortiz Béles, como theniente de contador que a la sasón era, como parese por la dicha almoneda y autos a que me refiero.

Lo ottro porque io a el tiempo que hize la dicha denunsiación nunca supe, ni entendí, la caussa y razón por donde los dichos yndios truxeron a bender a la dicha billa los dichos bienes, mas de entender que no los trayan con registro y licencia de Su Merced, de la parte que los trayan, y ansí yo pude haçer la dicha denunziación libremente, por lo qual no debo pena alguna y Vuestra Merced me a, y debe, dar por libre dello conforme a derecho.

Lo ottro porque la parte que me pertenezió de los dichos bienes y mercadurías, que fue poca cossa, nunca los bendí ni salieron a el almoneda porque los ube menester para mi caza como perssona que tengo muger e familia, ni se bendieron sino ssolamente las que perteneçían a Su Merced, como dicho tengo, y pareçerá por la dicha almoneda por las quales dichas razones y por cada uno dellas.

A Vuestra Merced pido y suplico me asuelba e dé por libre e quito del dicho cargo, dando por buena e bien fecha la dicha denunziación, como dicho tengo, y es justiçia la qual, y los tal, pido etc.

= Alonso González

El señor licenciado juez, por Su Magestad, la mandó poner en el proçeso de la causa para lo ver e prover justiçia.

Francisco Vázquez [rúbrica]
Escribano

// [f.24v]

Documento nº 3

Transcripción del registro de matrimonio de
José de Quiñones y Feliciana de Lugo
AHCSJ, Serie de Matrimonios (Blancos), Libro III
Folios: 118-118v.

En la ciudad de San Juan Bautista de Puerto Rico, a los diez y […] de marzo de mil setecientos sesenta y cuatro años, yo, el cura [regente] de esta Santa Iglesia Catedral, con licencia de su señoría ilustrísima […] pasé a las casas de la morada del señor canónigo doctor don […] de Quiñones, proveedor y vicario general, y en ellas des[posé por pa]labras de presente, que hacen verdadero matrimonio, a **don Joseph de Quiñones**, cadete del refuerzo de esta plaza, natural del pueblo de Ponze, hijo legítimo de **don Germán de Quiñones** y de **doña María Ortiz**, y a **doña Feliciana de Lugo**, natural así mismo de dicho pueblo, hija legítima de **don Cayetano de Lugo** y de **doña María Magdalena Quiñones**. Estando dispenzados los dichos por su señoría ilustrísima de los tres parentezcos de consanguinidad con que se hallan ligados los dichos; el uno de tercero grado, el otro de tercero con quarto, y el otro de quarto redondo. Dispensadas así mismo las proclamas ordinarias. Fueron testigos don Gaspar de Andino, **don Francisco Ortiz de la Renta** y Thomás Quiñones. De que doy fe.

Pedro Rodrígues de Salas [rúbrica]

Documento nº 4

Transcripción del registro de entierro de
Feliciana de Lugo
AHCSJ, Serie de Entierros, Libro XIV
Folios: 145v-146v.

A los diez y ocho de septiembre de mil ochosientos años, fue sepultado en el Convento de Predicadores de esta Muy Noble y Muy Leal ciudad de San Juan Bautista de Puerto Rico el cuerpo difunto de **doña Feliciana de Lugo**, natural de Ponce, y vesina del Partido de Bayamón, casada que fue con el ayudante mayor graduado de coronel del reximiento de infantería de milicias, **don Joséf de Quiñones**. Recivió los santos sacramentos e hizo su testamento en dicho Partido de Bayamón, en donde murió, a los veinte y seis de agosto de mil setecientos noventa y uno, en el que dispuso enterrarse en dicho convento, que le acompañase cruz, altar, cura, sacristán y ocho acompañados, y las dos comunidades, que se le cantasen misa y vigilia de cuerpo presente, y lo mismo las tres de alma que en dicho día de su enterramiento se digan todas las misas resadas que puedan. Que a los nueve días de su enterramiento se haga cavo de año con misa, vigilia y responso, a las mandas forsosas dos reales a cada una, que se le digan dos novenarios de misas, resadas, más dos misas rresadas por su intención. Que se les digan las treinta misas de San Vicente. Que se den diez pesos de limosna a los pobres. Otra misa rresada a San Bernardo. Que de su quinto se impongan doscientos pesos de capellanía. Nombró por sus alvaceas a su esposo, **don Joséf Quiñones**, a don Miguel Dávila y a su hijo **don Escolástico Quiñones**. Y por herederos, a sus hijos legítimos; doña Antonia, don Escolástico y doña María […] y a doña Úrsula María Quiñones. Cuyo testamento hizo al modo militar, antes seis testigos. Del mismo modo hizo codicilio, en veinte de agosto del corriente, y en él dispuso que se les diesen a su esposo cinquenta pesos para ayuda a una capellanía a Nuestra Señora de Candelaria, y que a sus dos hijas, doña María y doña Úrsula, se le dé a cada una una cadena de oro. De que yo, el cura teniente y rasionero electo de esta Santa Yglesia Cathedral, doy fee.

Joaquín Valentín Urquizu [rúbrica]

Documento nº 5

Transcripción del registro de entierro de
José Escolásticos de Quiñones
ADC, Serie de Entierros, Libro V
Folios: 98v-100.

En este pueblo de Caguas, a los once días del mes de agosto de mil ocho cientos veinte años, fue sepultado en el tercer tramo del cementerio de Nuestra Señora de Monserrate, con oficios de entierro doble el cadáver de **don José Escolástico Quiñones**, capitán de caballería, natural del partido de Ponce, y vesino del de Gurabo, de cinquenta y un años de edad, hijo legítimo del teniente Coronel **don José** y **doña Felisiana de Lugo**. Recibió los santos sacramentos de penitencia y extrema unción. Y otorgó su testamento por ante tres testigos a los cinco días del mes de agosto del corriente año, en el que dispuso su entierro como se le [...] que se le digan las tres misas de alma cantadas, que se den tres pesos a la manda pía religiosa, y a las mandas forzosas medio real a cada una, que se le hagan honrra y cabo de año, que se digan por su alma las misas a San Grigorio y hasta el completo a doscientas misas de la limosnas de ocho reales, que a la cofradía del santísimo sacramento de la parroquia de la Aguada se le den quarenta pesos, veinte y cinco a la de esta parroquia de Caguas, y otros veinte y cinco a la que se erija en la yglesia de Gurabo, que se funde una capellanía de tres cientos pesos, y que las misas de sus réditos sean aplicadas por su alma, nombrando por patrono de ella a su legítima muger **doña Diocia Rodríguez**, y en su defecto a sus hijos y susesores. Que se den a Valentín Rodríguez cien pesos, y veinte y cinco a los pobres de Caguas y Gurabo. Que se le den a sus hijas, María Escolástica y María de la Encarnación cien pesos a cada una, con lo que las dexa mejoradas. Que quando compró la hacienda de Gurabo, donde murió, al presbítero don Domingo de Torres se obligó a reconocer dos mil pesos de tributo en barias partidas, la una de dos cientos pesos a que era obligado don Máximo Días, y por consentimiento de éste pasó su capital a poder de doña Rosalia López, que debe reconocerlos, y los mil y dos cientos restantes es obligado a reconocerlos el capitán don Joaquín Delgado en quien los redimió. Declaró ser casado y velado en primeras nupcias con **doña Manuela Dávila** en la que tubo por sus legítimos hijos a don Juan, don José María, don Ramón, don Manuel y doña Antonia, difunta. Y en segundas nupcias con **doña Dionisia Rodríguez** en la que ha tenido por sus legítimas hijas a doña María Escolástica y a doña María de la Encarnación. Que el remanente de su quinto se reparta por iguales partes entre sus legítimos hijos, y su legítima muger. Nombró por albaseas testamentarios al teniente del regimiento de milisias, don Manuel Santana, a su muger doña Dionisia Rodríguez y a su hijo don Ramón. Por contador contrajudisial al mismo teniente don Manuel Santana, por tutor y curador de sus hijos menores a su legítima muger doña Dionisia Rodríguez. Y por sus únicos y universales herederos a sus legítimos hijos don Juan, don José María, don Ramón, don Manuel, doña María Escolástica y doña María de la Encarnación. De que yo, el infrascripto cura rector, doy fe.

José Manuel Pérez [rúbrica]

Documento nº 6

Transcripción del registro de matrimonio de
José Escolástico de Quiñones y Juana Dionisia Rodríguez

APSP, Serie de Matrimonios (Blancos), Libro I
Folio: 5v.

En el pueblo del Espíritu Santo y San Patricio de Loysa, a los treinta días del mes de junio de mil ochocientos y diez años; Yo, el ynfrascripto cura rector de la parroquia de Trujillo, y ecónomo de esta, habiendo explorado las voluntades para efecto de contraer matrimonio, hallándolas conformes, precediendo en examen de las doctrina christiana, y las tres proclamas dispuestas por el Santo Concilio de Trento, de la que no resultó impedimento alguno, ni en esta ni en la parroquia de Caguas, según certificación de aquel padre cura doctor don Manuel Lascano, habiendo ante todas cosas obtenido dispenza por los tres parentescos de consanguinidad de su señoría ylustrísima, el obispo, mi señor, doctor don Juan Alexo Arismendi, a saber; de tercero, tercero con quarto, y quarto grado en que se hallaban ligados según el correspondiente despacho dado en dicho Palacio Episcopal, a diez y nueve de junio del presente año. Presencié el matrimonio que, in facie eclesie, por palabras de presente expresivas de su mutuo consentimiento contrajeron **don José Escolástico Quiñones**, capitán del regimiento de caballería, establezida en Caguas, e igualmente vecino y morador en el expresado partido, viudo de **doña María Manuela Dávila**, hijo lexítimo de **don José** y **doña Feliciana de Lugo**, difunta, y a **doña Juana Dionicia Rodríguez**, de este vezindario, hija legítima de don Valerio y de doña Gregoria Quiñones, difunta, a quienes di simul las bendiciones nupciales. Siendo testigos Antonio Yoris y don José Cardona. De que doy fee.

José Casimiro Marrero [rúbrica]

Documento n.º 7

Transcripción del registro de bautismo de
Juan José Bautista de Quiñones
APSC, Serie de Bautismos, Libro III
Folio: 13v.

En esta parroquia de Santa Cruz de Bayamón, a catorce de septiembre de mil setecientos noventa y quatro años. Yo, el infrascripto cura rector desta feligresía, bauticé solemnemente, puse óleo y chrisma a Juan Joséf Bautista que nació el treinta y uno de agosto, hijo legítimo de **don Joséf Escolástico Quiñones** y de **doña Manuela Dávila**, blancos. Fueron sus padrinos **don Joséf Quiñones** y **doña Feliciana de Lugo**, a los que advertí el parentesco espiritual y obligaciones. De que doy fe.

José Matías Santaella [rúbrica]

Documento n° 8

Transcripción de registros del Libro I de Matrimonios del Archivo de la Catedral de Arecibo

ACA, Serie de Matrimonios, Libro I
Folios: 12v, 47-47v, 86-86v.

29 de agosto de 1714:

Día veinte y nueve de agosto de setecientos catorce años. Amonesté en tres días festivos, *inter missam solemnia*, según orden de Nuestra Madre la Santa Iglesia a **Juan Ortiz** y a **Juana Maldonado**, y no resultando impedimento, los casé y velé, *in facie ecclesie*. Fueron sus padrinos, Francisco Ortiz y Úrzula de Torres. Doy fee.

Fray Luis de Casillas

11 de junio de 1725:

En once de junio de mil setecientos veinte y sinco años. Yo, Thomás Sánches, cura propio de este pueblo del Arecivo, en virtud de auto despachado por su señoría ylustrísima, el obispo, mi señor, casé y velé, *in facie ecclecie*, a **Adrián Ortiz de la Renta**, natural de la Aguada, hijo de Graciana Rodríguez, y a **doña Ana Meléndes**, natural del Arecivo, hija lexítima de Manuel de Santiago y de doña Juana Bautista, haviéndoles tomado sus confeciones y hallándolos conformes en sus voluntades, y así mismo procedido las tres proclamas en tres días festivos, *inter misarum solemnia*, de que no resultó impedimento. Fueron testigos el ayudante Juan Mexías, el capitán don Antonio Correa, el hermano Sebastián Figueroa, y otros muchos. Doy fee.

Thomas Sánches

7 de julio de 1725:

En siete días del mes de julio de mil setecientos veinte y sinco años. Yo, Thomás Sánches de Páez, cura propio de este pueblo, en virtud de auto despachado por su señoría ylustrísima, el obispo, mi señor, casé y velé, *in facie ecclecis*, al capitán **Manuel Ortis**, natural de este pueblo, hijo lexítimo de **Christóval Ortiz** y de María de Villanuva, y a **doña Francisca Meléndes**, natural de este pueblo, hija lexítima de Manuel de Santiago y de doña Juana Bautista, haviéndoles tomado sus confeciones y hallándolos unánimes y conformes en sus voluntades, y así mismo procedido las tres proclamas en tres días festivos, *inter misarum solemnia*, no resultando impedimento además de los dos parentescos, el uno de tercero con quarto grado, y el otro de quarto grado, ambos de consaguinidad en que fueron dispensados por dicho señor ylustrísimo. Fueron testigos el ayudante Francisco Ortiz, Manuel López, Francisco de Rivas, y otros muchos. Doy fee.

Thomas Sánches

6 de mayo de 1739:

[En el pueblo] de San Felipe del Arecivo, en seis días del [mes de] mayo de mil setecientos treinta [y] nueve. Yo, [el] licenciado don Juan Morales del Río, cura [y vicario] de esta parroquia, por el real patronato casé y velé, *in facie eclecie*, a **Pedro Ortis**, hijo legítimo de **Juan Ortis** y de Juana de Matos Maldonado, y a **María Gonsáles Negrón**, hija legítima de Manuel Gonsáles de la Renta y de doña Dionicia de Rivera, todos naturales de dicho pueblo. Por auto despachado por el señor presbítero y vicario general, don Francisco Martínez, haviéndoles tomado sus confessiones fueron conformes en sus voluntades, y precedieron las tres proclamas en tres días festivos, *inter misorum solemnia*, de que no resultó impedimento alguno. Fueron testigos Francisco de Rivas, Rafael Péres y Andrés Molina. Doy fee.

Padre don Alfonso Fernándes de Molina

Documento nº 9

Transcripción de registros del Libro I de Bautismos del Archivo de la Catedral de Arecibo

ACA, Serie de Bautismos, Libro I

Folios: 4v, 64v.

22 de octubre de 1708:

En beinte y dos días del mes pasado de octubre de mil setecientos y ocho años. Yo, Fray Francisco Fabares, cura capitán ynterino de este pueblo de San Phelipe del Arecibo, baptizé, puse óleo y crisma a un niño, hijo legítimo de **Diego Joséf Ortiz** y de **Clemencia de Almonte**, al qual, puse por nombre **Bernabé**. Fueron sus padrinos el alférez Juan de Rojas y Sebastiana de Roxas. Y de ello doy fee.

Fray Francisco Fabares

5 de agosto de 1720:

En cinco de agosto de mil setecientos veinte años. Bapticé solemnemente, puse óleo y chrisma, a **Pedro**, hijo legítimo de **Juan Ortiz** y de **Juana**, naturales de este pueblo del Arecivo. Fueron padrinos don Thomás de Montalbo y doña Agustina de los Olivos. Doy fee.

Thomás Sánchez

Documento nº 10

Transcripción del registro de entierro de
Juan Ortiz de la Renta
APSR, Serie de Entierros, Libro I
Folios: 8-9.

En la rivera de Nuestra Señora del Rosario de Yauco, a los quince días del mes de noviembre de mil setecientos cinquenta y tres años. Yo don José López de Victoria, capellán propietario de dicha rivera, di sepultura ecclesiástica e hize los oficios de entierro doble con vigilia y misa cantada al cuerpo difunto del teniente de capitán **don Juan Ortiz de la Renta**, natural de la villa de San Germán, de ochenta años de edad, más o menos, casado legítimamente con **doña Juana de Torres**, feligreses de esta feligresía, a quien administré los santos sacramentos de la penitencia, viatico y extrema unción, en el sitio de Macaná, en donde murió. Hizo testamento en que manda enterrarse con entierro doble y que se le digan las tres misas de alma rezadas, y otras veinte y dos a distintas vocaciones. Declara haber tenido dos matrimonios, el primero con **doña Petronila de Montalvo**, algunos treinta o quarenta años, más o menos, y haber tenido y procreado durante este matrimonio nueve hijos nombrados; Martín, Juana, Margarita, Diego, Clara, María, Nicolás, Matías y Juana Josefa, los que declara tener enterado de su parte paternal. Y el segundo con la dicha doña Juana de Torres, por el tiempo de catorce o quince años, más o menos, con la que también declara haber tenido durante el matrimonio cinco hijos nombrados; Juana, Juan Alexos, Juana, Antonia y Petronila, los que unos y otros nombra por sus herederos universales hasta el remaniente de su quinto. Nombra de albaceas a la referida doña Juana de Torres, su legítima muger, a don Diego Ortiz y a Matías Ortiz, sus hijos. De todo lo qual doy fee.

José López de Victoria.

Fuentes Documentales

Archivo General de Indias **(AGI)**

Fondo: **Contratación**
Legajo 514, N° 1, R.14: *Bienes de difuntos: Juan Castaño, fallecido en San Germán,* 1612.

Fondo: **Escribanía**
Legajo 9A, N° 1, Pieza 1: *Pleitos de la Audiencia de Santo Domingo,* 1703.

Legajo 124A, N° 8: *Cuaderno de residencia de la villa de San Germán por orden de don Matías Páez Cabeza de Vaca,* 1697.

Legajo 124B, Pieza 14: *Residencia de Gaspar Martínez Andino, gobernador de Puerto Rico,* 1690.

Legajo 133B, Pieza 4: *Proceso contra Simón Rodríguez Mantua, capitán del navío Santo Antonio,* 1592-1595.

Legajo 133B, Pieza 8: *Residencia de Rodrigo Ortiz Vélez,* 1593-1596.

Fondo: **Indiferente**
Legajo 130, N° 63: *Méritos de Juan Ortiz Vélez Borrero,* 1683.

Legajo 138, N° 7: *Méritos de Antonio Ramírez de Arellano,* 1709.

Fondo: **Justicia**
Legajo 980, N° 1, Pieza 1: *Perjuicios causados por Francisco Bahamonde de Lugo, gobernador de Puerto Rico,* 1568.

Legajo 980, N° 1, Pieza 2: *Testimonios de un ataque a la villa de San Germán y el puerto de Guadianilla por indios caribes,* 1567.

Legajo 997, R.4, N° 1: *Pedro Rodríguez, vecino de Tenerife, sobre el comiso de esclavos,* 1563.

Fondo: **Santo Domingo**

Legajo 56, R.8, N° 64b: *Dirección de las materias militares de tierra y mar y los súbditos del gobernador a sus órdenes en las ocasiones de guerra,* 1646.

Legajo 79, N° 141: *Probanza de Méritos de Rodrigo Ortiz Vélez,* 1577.

Legajo 155: *Cartas y expedientes de Gobernadores de Puerto Rico,* 1532-1610.

Legajo 156: *Cartas y expedientes de Gobernadores de Puerto Rico,* 1611-1654.

Legajo 157: *Cartas y expedientes de Gobernadores de Puerto Rico,* 1656-1677.

Legajo 161: *Cartas y expedientes de Gobernadores de Puerto Rico,* 1693-1694.

Legajo 165: *Probanza en la villa de San Germán sobre las aportaciones militares y el compromiso de sus vecinos a la defensa de la Isla,* 13-20 diciembre de 1641.

Legajo 165: *Probanza en la villa de San Germán sobre las aportaciones militares y el compromiso de sus vecinos a la defensa de la Isla,* 26 de marzo de 1669.

Legajo 168: *Probanza en la villa de San Germán sobre los daños causados por los indios caribes,* 1572.

Legajo 169: *La villa de San Germán solicita merced de ciertos ornamentos para su iglesia,* 1583.

Legajo 544: *Testimonios de las reales cédulas y provisiones de su alteza de privilegios de la villa de San Germán por orden y mandato de su señoría el señor sargento mayor de infantería española don Francisco Danio Granados,* 1709.

Archivo Municipal de Almendralejo **(AMA)**
Protocolos Notariales de Rodrigo Sánchez, 1612-1616.

Archivo de la Catedral de Arecibo **(ACA)**
>   Serie de Matrimonios: Libro I (1708-1760)
>
>   Serie de Bautismos: Libro I (1708-1735)

Archivo de la Diócesis de Caguas **(ADC)**
>   Serie de Entierros: Libro V (1819-1822)

Archivo Histórico de la Catedral de San Juan **(AHCSJ)**

>   Fondo: **Parroquia Nuestra Señora de los Remedios**
>>   Serie de Matrimonios, Blancos: Libro III (1748-1790)
>>
>>   Serie de Entierros: Libro XIV (1799-1802)

Archivo de la Parroquia de la Santa Cruz, Bayamón **(APSC)**
>   Serie de Bautismos: Libro III (1792-1814)

Archivo de la Parroquia de San Patricio, Loíza **(APSP)**
>   Serie de Matrimonios, Blancos: Libro I (1808-1859)

Archivo de la Parroquia del Santísimo Rosario, Yauco **(APSR)**
>   Serie de Entierros: Libro I (1751-1765)

Bibliografía

Alegría, Ricardo E. *Documentos Históricos de Puerto Rico,Volumen IV, 1546-1580*. San Juan: Centro de Estudios Avanzados de Puerto Rico y el Caribe, 2009.

_____. *Documentos Históricos de Puerto Rico, Volumen V, 1581-1599*. San Juan: Centro de Estudios Avanzados de Puerto Rico y el Caribe, 2009.

Alfaro de Prado Sagrera, Antonio. "El nacimiento del sistema oficial de doble apellido en España", *Hidalguía*, Año LIX, N° 351 (2012). pp. 207-235.

Burset Flores, Luis R. "La familia Delgado Manso: Origen, Desarrollo y Ocaso," *Hereditas,* Vol. 9, No. 2 (2008). pp. 3-48.

Caro de Delgado, Aida R. *Villa de San Germán: sus derechos y privilegios durante los siglos XVI, XVII y XVIII*. San Juan: Instituto de Cultura Puertorriqueña, 1962.

De Castro Sedgwick, Teresa. *Libro Primero de Matrimonios Catedral de Arecibo 1708-1760*. Autoedición.

De Jesús Rodríguez, Dennis. *Don Ramírez de Arellano, Corregidor de San Germán. Estudio biográfico y genealógico de los Ramírez de Arellano del Antiguo Partido de San Germán*. Mayagüez: Autoedición, 2020.

Lluch Mora, Francisco. *Fundación de la villa de San Germán en las Lomas de Santa Marta*. Mayagüez: Documentalia Portorricense, 1971.

_____. "Noticias referentes a Guayanilla en los siglos XVII y XVIII," *Revista del Instituto de Cultura Puertorriqueña*, N° 69 (oct. – dic. 1975). pp. 5-7.

_____. *Catálogo de Inscripciones Demográfico-Sacramentales y de otra índole del Linaje Ortiz de la Renta*. Mayagüez: Documentalia Portorricence - Fundación Juan C. Ortiz de la Renta Lugo, 1976.

_____. "El Elemento Demográfico de Guayanilla 1730-1800," *Boletín de la Academia Puertorriqueña de la Historia*, Vol. IV, N° 16 (julio 1976). pp. 31-43.

_____. "Fundación de San Germán en las Lomas de Santa Marta," *Boletín de la Academia Puertorriqueña de la Historia*, Vol. IV, N° 16 (julio 1976). pp. 45-57.

_____. *Orígenes y Fundación de Guayanilla (Siglos XVI-XIX)*. Boston: Florentia Publishers, 1977.

_____. "Poblamiento de Hormigueros (Siglos XVI-XIX)," *Boletín de la Sociedad Puertorriqueña de Genealogía*, Vol. 7, N° 1-2 (abril 1995). pp. 9-30.

_____. *Orígenes y fundación de Ponce y otras noticias relativas a su desarrollo urbano, demográfico y cultural: siglos XVI-XIX*. San Juan: Editorial Plaza Mayor, 2001.

Martínez Nazario, Manuel. "Aberraciones Genealógicas en Puerto Rico y Sus Posibles Soluciones," *Hidalguía*, Año LVIII, N° 349 (2011). pp. 793-811.

Méndez Muñoz, Andrés. "Pobladores del Partido de San Francisco de la Aguada para comienzos del siglo XVIII," *Hereditas*, Vol. 8, N° 1 (2007). pp. 3-15.

Ramírez Brau, Enrique. *Orígenes Portorriqueños Vol. 1*. San Juan: Imprenta Baldrich, 1942.

Tió, Aurelio, y Arturo Ramos Llompart. "Catálogo de alcaldes de San Juan y San Germán," *Boletín de la Academia Puertorriqueña de la Historia*, Vol. VII, N° 26 (julio 1981). pp. 79-157.

Torres Oliver, Luis. "Probanza sobre el traslado de la villa de San Germán," *Boletín de la Academia Puertorriqueña de la Historia*, Vol. IX, N° 33 (enero 1985). pp. 157-205.

Vélez Acevedo, Ricardo. "Rodrigo Ortiz Vélez. Una revaluación genealógica." *Hereditas,* Vol. 20, N° 2 (2019). pp. 115-134.

_____. *Rodrigo Ortiz Vélez: Orgullo, Inquietud y Sedición*. Cambridge: Editorial Lux Antiqua, 2022.

Lightning Source UK Ltd.
Milton Keynes UK
UKHW010729120822
407216UK00009B/613

9 798986 311227